CES
OBJETS
EMBLÉMATIQUES QUE VOUS
SAUVERIEZ [OU PAS]
AVANT DE QUITTER LA
FRANCE

Du même auteur :

Ces objets insolites ou obsolètes que vous pensiez avoir oubliés,
Michel Lafon, 2013

Lady Gaga, Democratic Books, 2011

Sept entretiens... et un peu de philosophie, avec Jean Tellez,
« Les clés de la philo », Germina, 2009

© Éditions Michel Lafon, 2014
118, avenue Achille-Peretti — CS 70024
92521 Neuilly-sur-Seine Cedex

www.michel-lafon.com

ARIEL WIZMAN

CES
OBJETS
EMBLÉMATIQUES QUE VOUS
SAUVERIEZ [OU PAS]
AVANT DE QUITTER LA
FRANCE

Michel LAFON

AVANT-PROPOS

Certes, les Uruguayens ont un bien meilleur président que nous ; le caviar iranien est bon, malgré la rigueur des ayatollahs ; l'Angola présente plus de perspectives de développement que notre belle Picardie ; et il y a plein d'argent à ramasser à Londres, si l'on veut bien enfiler un costume de soubrette et administrer des fessées tarifées à de riches veufs déguisés en matelots.

Notre pays n'est pourtant pas foutu, et l'herbe n'est pas forcément plus verte à Hong-Kong – où, par ailleurs, elle est absente depuis belle lurette. Loin de moi l'idée de vous pousser vers la sortie, au prétexte que notre économie est aussi flamboyante que l'équipe du Brésil après sa demi-finale contre l'Allemagne. Notre pays a évidemment encore de très beaux atouts, et il paraît même qu'il reste quelques fils à papa new-yorkais qui rêvent de venir passer une année d'études à Saint-Germain-des-Prés. Ce sont ces atouts, ce patrimoine, parfois inconnu du reste du monde, que je veux chanter, avec ma lyre et mon flûtiau. Vous êtes français, nom d'une pipe de Saint-Claude, vous n'allez tout de même pas laisser derrière vous les beautés du génie hexagonal, au prétexte qu'une succession de gouvernements patauds ne trouvent plus la marche avant ?

Ce catalogue, je l'ai écrit avec mes tripes d'enfant du pays, pour vous accompagner dans un exil que j'espère temporaire. Je veux vous voir faire fortune au loin et revenir, comme les Chinois avec leurs restaurants, les Russes avec leurs mitraillettes, et les Coréens avec leur *Gangnam Style*. Je manque de mots pour vous inciter à croire en vous et en votre histoire, mais je suis prêt, comme notre président, à braver la pluie et les sifflets pour vous dire : « La France, tu l'aimes *et* tu la quittes. » Ce livre, c'est un mouchoir blanc que j'agite sur le quai en votre direction, en espérant vous revoir très vite, les poches pleines de devises et les valises lourdes de cadeaux.

Vive la liberté, vive l'étranger... Et vive la France.

L'accordéon

Je n'ai jamais visité Brive, mais si cela devait un jour arriver, mon but de promenade serait sans doute les usines Dedenis, fabricants d'accordéon. L'autre attraction pourrait être la maison natale de Patrick Sébastien. Les deux choses ne sont pas sans rapport, car toutes deux sont la France. Le bal musette, sorte de péchodrome vintage d'où sont sorties des générations d'enfants accidentels conçus sur des tas de foin, fut le haut lieu de l'accordéon. Ce piano à soufflet, magique entre les mains de Gus Viseur, aussi vital que la baguette mais moins utile pour faire un sandwich, a trouvé en France une terre d'épanouissement. Il y a bel et bien une charge érotique dans l'accordéon, qui fait des soubresauts, s'auto-ventile pendant qu'on fait courir les doigts sur son corps. Patrick Sébastien le sait, lui qui joue aussi de son body comme un fauve, se tord, exulte pour dire au monde : « Nous, les Français, on sait boire et faire la fête, et on vous emmerde, on est des hommes libres, et comme disait Coluche… » Coluche ne vous servira à rien dans un dîner à Tokyo, mais un accordéon peut vous le payer, votre dîner, si vous apprenez à en jouer dans le métro.

Les albums d'Astérix

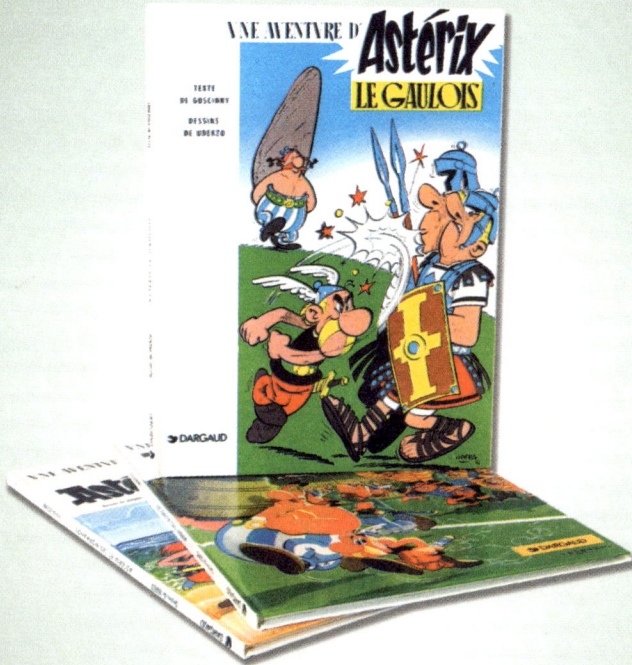

Il faut repenser Astérix. De A à Z. Non pas sur le mode comique affligeant qui nous a été servi ces dernières années au cinéma par des réalisateurs approximatifs, mais en tant que fable politique. Il est évident que l'esprit de résistance de ces fiers Gaulois est à relire comme le précurseur de toutes les révolutions et mutations actuelles. Printemps arabe ? C'était dans Astérix ! Ukraine libre ? Astérix ! Occupy Wall Street ? Fuck Babaorum and Petibonum, métaphores de multinationales, et Power to the people ! Je suis certain que si vous vous aventurez du côté du Kurdistan, où la croissance est rondelette, vous trouverez une population fière de guerriers redoutables qui se reconnaîtront facilement dans l'esprit d'Astérix et son ethnie gauloise. À n'en pas douter, ces images qui parlent d'elles-mêmes peuvent vous valoir la vie sauve si vous êtes surpris couchant éhontément avec la fille d'un chef de tribu.

L'almanach du facteur

Jamais un riche n'a donné une belle somme à un facteur colportant son almanach pendant les fêtes. C'est le plaisir annuel des modestes, des solitaires. S'il se vend encore des millions de ces éphémérides, avec les températures prévues pour tous les jours de l'année et des photos de chats, perruches ou corbeilles de fruits hyperréalistes, ce sont souvent les petites gens qui gratifient le facteur d'un petit billet. Et en les consultant, en s'instruisant sur leur succès phénoménal depuis le xve siècle, on se dit que ces artefacts populaires étaient les ancêtres des LOLcats et autres blogs dont le seul intérêt, au final, reste bien la date inscrite au-dessus de chaque post.

Les ampoules médicales

Ne nous cachons pas la vérité. C'est toujours un moment solennel et anxieux : ouvrir une ampoule à deux pointes, c'est angoisser sur la résistance du verre, sur la possibilité de se ruiner le pouce – alors qu'on voulait se soigner ! –, et garder toujours en tête que le liquide se libère systématiquement dans le mauvais sens au moment précis où l'on croit avoir pris de l'assurance, c'est-à-dire quand on a déjà fait péter la première pointe et que la deuxième devient un jeu d'enfant. Qui n'a jamais renversé le contenu et pesté contre ce « putain de connerie de système de merde » n'est pas français. Et pourtant, s'en prendre à ce brevet, l'un des seuls jamais exportés, c'est insulter le génie hexagonal, la norme NF S 90-902… que personne ne nous envie. Si vous êtes si malin, prenez votre pipe de souffleur de verre et essayez d'en faire autant ! Pour enfermer du liquide dans du verre, il vous faut savoir que cela se fait à la verticale. Et c'est cette info exclusive qui vous donnera du prestige, quand vous serez contremaître dans la banlieue de Chiang Rai. À noter : l'ampoule à deux pointes est une alternative à la mignonnette ou à la flasque quand il s'agit de transporter incognito du whisky ou du calva dans les pays du Golfe.

Les autocollants régionaux

La réforme territoriale, *gross* malheur ! Sujet de conversation d'un ennui colossal, il est pourtant, avec les divers impôts et niches fiscales, au cœur de tous les échanges au pays des salons littéraires de Mme de Staël et de Mme Campan. Qu'y pouvons-nous ? La France est devenue une immense réunion de syndic de copropriétaires, où des héritiers se disputent pour des détails de territoire et quelques centimes marginaux. Crise financière, intellectuelle, identitaire. Heureusement, vous fuyez ce pays à grands pas, et vous voilà à Québec, pour y refaire votre vie, avec un travesti philippin rencontré dans l'avion. Chez les Canadiens, les régions françaises sont cultes, une passion, un goût de l'origine authentique. Alors, un autocollant vintage du Dauphiné ou de la Thiérache, avec un petit coup de klaxon à la Bourvil, peut vous rendre sympathique dans tout le quartier !

Babar et Bécassine

Non mais sérieusement, qui peut croire que la France, c'est un éléphant pseudo-intello et une bonne sainte-nitouche ? Allez expliquer au Dubaïote, à qui tout le monde reproche niqabs et abayas, que la fondation de la BD est française et raconte la vie d'une naïve gouvernante bretonne, la tête modestement couverte, cumulant tous les clichés sur sa région natale, le Finistère. Et qui, en Inde, où les éléphants sont un fléau national, pourra approuver un pays dans lequel un éléphant, habillé en gentleman, donne calmement des leçons de savoir-vivre à vos enfants ? Soyons sérieux, Bécassine et Babar doivent rester chez vos parents, avec votre foulard scout, votre carnet de chant et votre lance-pierres. Vous êtes autant responsable de l'image de votre pays que Ribéry ou Samir Nasri. Avant de les couvrir d'opprobre, évitez de diffuser de la France l'image d'un pays machiste ayant plus de considération pour un éléphant paresseux que pour d'honnêtes Bretons et Bretonnes.

Le bagage Vuitton

Sans LV, pas de LVMH. Et donc pas de Français dans le top 10 des fortunes mondiales. Or c'est ce top que vous visez. On est donc là dans le cœur de vos ambitions. Pourtant, à la différence de Christian Dior ou Coco Chanel, personne n'a jamais vraiment su à quoi ressemblait ce fameux monsieur Vuitton. Le cas n'est pas isolé, puisque les Daft Punk, stars sans reflets dans le miroir, illustrent cette même particularité. C'est une leçon. Un bon Français est un Français sans figure. Moins on le voit, plus on l'aime. C'est pourquoi je vous conseille, dans votre nouvelle vie, de créer le mystère. Commencez par vous faire des initiales et collez-les partout où vous le pourrez. Si vous vous appelez Léon Vignon, évitez le LV, mais un Stéphane Martin, une Nicole Boutron ou un Thierry Tricot peuvent faire un début de carrière pétaradant, avec un bon lettrage.

La bande Velpeau

« Je viens de loin, tu sais… du pays de la bande Velpeau… Tout ça… me manque tellement… » Dit avec conviction, ce texte peut vous valoir une très bonne fortune sexuelle en Tasmanie. Là-bas, on ne connaît pas Nicolas Velpeau, héros de la ville d'Antony (où il a sa rue) et inventeur de ce bandage si caractéristique. Ce chirurgien, qui a quand même dû disséquer un paquet de clochards ramassés sous les ponts pour le bien de la science, avait le pansement au cœur. Et à l'autre bout du monde, personne ne peut deviner qu'en France tout le monde s'en fout et l'a oublié. Il faut donner le change : il faut lui rendre hommage de temps en temps, les yeux mouillés, lui porter des toasts. Et faire l'important. En bon Français, adaptez le langage du vin à tout et faites le velpeaulogue : « Cette bande a un toucher fruité, un peu cassant », « Ce crêpe est raide comme la justice. Je le recommande pour une belle entaille franche »…

Les bas Dim

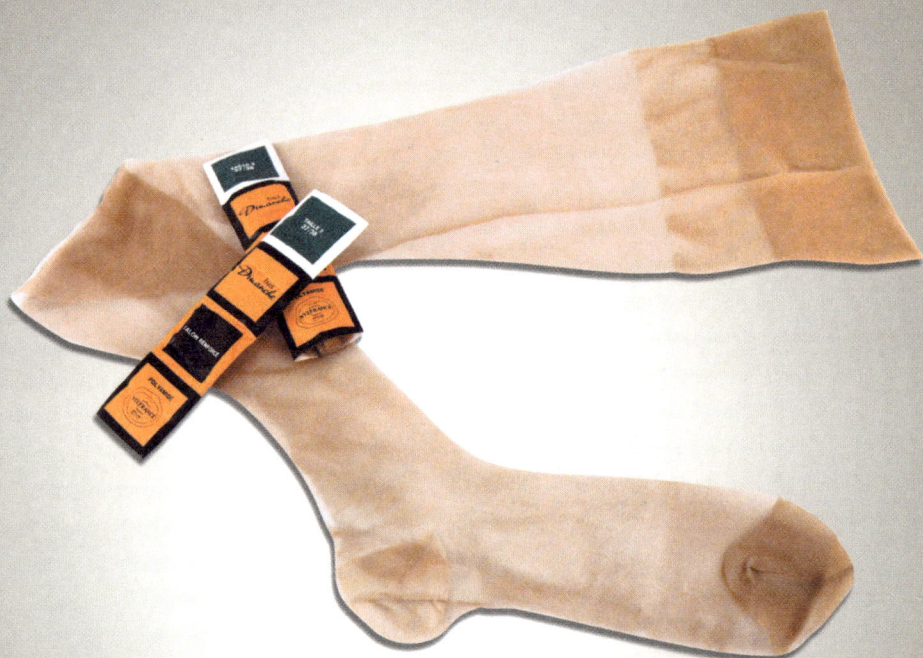

Il fallait du courage, dans une France fille aînée de l'Église, où Juliette Gréco chantait Je hais les dimanches, pour donner à une paire de bas féminins le nom du Jour du Seigneur. Un peu comme si, en Israël, une marque de lingerie décidait de produire des culottes « Shabbat » ou des chaussettes « Kippour ». Les bas Dimanche ont d'ailleurs vite pris le nom « Dim » et, à la faveur de ce changement d'identité, sont devenus le symbole de la femme s'émancipant à l'ombre du général de Gaulle. Plus de soie, mais du Lycra, et plus de couture. Et donc, des femmes sans porte-jarretelles, des jupes qui raccourcissent, des jambes gainées qui mettent la femme française et sa silhouette au cœur d'une révolution des looks et des mœurs. Arborer des bas Dim, roulés en boule dans la poche intérieure de votre manteau sur la Place Rouge, ou en pochette, sortant de votre veste, lors d'une soirée chic avec vos amies danseuses à Atlanta, c'est montrer que la France ne transige pas sur la sexyness et sur « l'attitude », quelle que soit l'époque.

BONNE FÊTE MAMAN

PUBLICIS J 479 B - PHOTO J.J. BUGAT - ROBE ET BIJOUX FERRERRAS

*

...pour toi maman des bas *Dimanche*

Ils apportent qualité Grande Marque, coloris Grande Marque, solidité
finesse Grande Marque, garantie Grande Marque._____

_____ Ils ont tout pour plaire les BAS DIMANCHE

* A L'OCCASION DE LA FÊTE DES MÈRES, LES BAS DIMANCHE SONT VENDUS DANS UN EMBALLAGE SPÉCIAL

Le béret basque

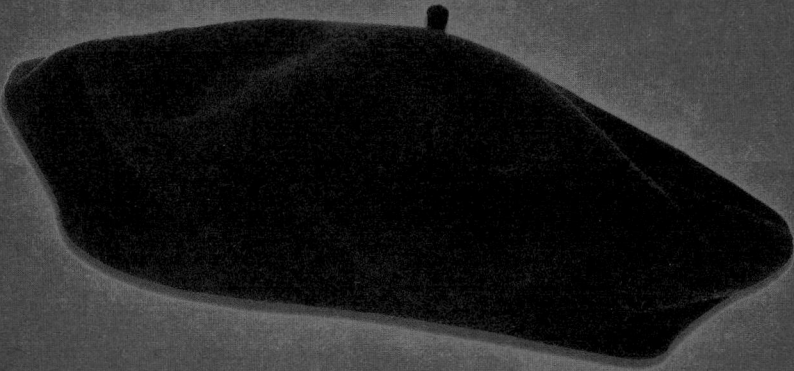

Il y a le prestige de l'uniforme, mais il y a aussi le mystère du béret. Avoir un béret basque, c'est venir de quelque part, avoir une origine, et du même coup être porteur d'un héritage fascinant. Pour l'étranger, les Français sont une sorte de société secrète, d'aristocratie fièrement tribale qui se réunit pour manger des pieds de cochon les soirs de pleine lune, et dont les membres se reconnaissent au port, subtil et élégant, du béret basque. Lequel d'entre nous, apercevant un compatriote coiffé d'un authentique béret basque, pris dans une bagarre de rue avec de robustes travestis vénézuéliens, refuserait de lui prêter main-forte ? L'attachement au béret basque est tel qu'il n'est pas rare de croiser des naturistes qui, à la plage, ne gardent de textile que leur viril béret basque. À poil avec un béret basque ? Comme on les comprend.

Les berlingots

Allez, vous monsieur, et vous madame, vous vous souvenez bien… ? Vous en avez fait, des saletés, dans ces fêtes foraines où votre ennui provincial allait s'échouer pendant les foires agricoles. L'alcool ? le chichon ? les hormones ? Non, le sucre des berlingots, ces fameux caramels durs aromatiques, coupés sur place, et souvent offerts par le sponsor du stand, un dentiste qui vous récupérait deux jours plus tard pour vous dévitaliser. Ces tétraèdres, d'origine nantaise, élaborés au XIXᵉ siècle, n'étaient guère que du sucre enjolivé, mais ils enchantaient votre soirée. Où les trouver, dans cette foutue Sierra Leone, où ils sont plus rares que les diamants ? Nulle part, il faut en emmener une réserve. Et en troquer, à l'occasion, contre des pierres. Ni vu ni connu.

La berthe à lait

Hors de certaines régions reculées de France, le lait ne sert à rien. Sauf à punir les enfants qui se sont mal comportés. Il faut bien l'avouer, l'idée de boire un verre de lait est à peu près aussi excitante que celle d'écouter en entier un album de Céline Dion. Non, le lait est beaucoup mieux toléré sous sa forme « produits laitiers » (fromage, yaourt, vomi de bébé…). Stocker le lait, ce liquide encombrant et qui ne sert même pas à se laver les mains, fut un temps un sport national français. D'où la berthe à lait, relique d'une vie paysanne française vouée à l'échec puisque tournant autour du lait. Il est impossible d'enregistrer cet objet sur un vol commercial, mais si votre exil a vraiment une visée socialement suicidaire, cette ignominie a tout à fait sa place dans vos bagages.

Le Bibendum

La France est une terre de pneu. Des régions entières en ont vécu, et un réalisateur majeur, Quentin Dupieux, faisait récemment d'un pneu tueur le héros d'un de ses films (*Rubber*, chef-d'œuvre). Au point que les Michelin, entrepreneurs français par excellence, ont même eu, dès 1898, l'idée d'un homme-pneu, Bibendum, dessiné par O'Galop et élu « meilleur symbole de tous les temps » avec son sourire, ses gros yeux et son physique impayable de joueur de jeu vidéo impubère. Car seuls des Français étaient capables, en apercevant un tas de pneus abandonnés, d'imaginer que leur empilement pouvait acquérir une humanité, une universalité, celle qui fait parfois dire à certains, apercevant un contemporain enrobé : « C'est un gros tas ». À travers Bibendum, vous montrerez, dans un monde de plus en plus compétitif, que le « gros tas » à la française garde toujours le sourire et l'œil pétillant… même quand ses usines de pneus annoncent leur fermeture, ou leur cession à de gourmands conglomérats indiens.

Le bidon d'eau de Javel

Une légende urbaine de mon enfance voulait qu'un type soit sorti de la station Javel avec les yeux qui piquent et les vêtements décolorés. C'est que l'eau du même nom faisait peur. Comme l'éther ou l'eau lourde qui, elles, n'avaient pas leur station de métro. Certes, elle était française d'invention, mais l'impression que seules certaines vieilles Portugaises avaient le droit de la manipuler ne nous quittait pas. Les enfants sont parfois racistes sans le savoir, et l'idée de nous faire asperger d'eau de Javel par l'une de ces veuves noires chargées du ménage n'était pas invraisemblable. Ce qui m'amène à interroger l'utilité de ce produit français aux antipodes : savamment chargée dans un inoffensif pistolet à eau, la Javel peut faire baisser les yeux à n'importe quel voyou hondurien, à condition qu'il soit seul. Et qu'il ne porte pas de lunettes de soleil.

Le bikini

En général, le bikini est un accessoire qui fait son apparition sur une femme dans la première demi-heure d'un *James Bond*. C'est le truc autour duquel Ursula Andress irradie une sensualité débordante, et qui lui permet de mettre quelque chose entre ses seins, son pubis et nous, qui guettons langue pendant sa sortie de l'eau. Symbole d'époque, c'est à la piscine Molitor, aujourd'hui accessible uniquement au haut du CAC 40 (mais qui fut un lieu populaire), qu'apparut en 1946 le premier bikini. Et il fut ainsi désigné par son inventeur parce qu'aussi révolutionnaire que l'essai nucléaire réalisé cette année-là sur l'atoll du même nom. Vous imaginez le type ayant fait ça, de nos jours, obligé de rendre gorge devant un duo de flingueurs chez Laurent Ruquier : « Ça vous amuse, de donner à votre pièce de tissu impudique et sexiste le nom d'une arme de destruction massive aux conséquences écologiques redoutables ? » Aujourd'hui, le bikini cherche un second souffle, le monde se séparant de plus en plus entre naturistes et obsédés de la pudeur féminine. Le maillot deux-pièces pourrait bien être victime de cet affrontement entre le Cap d'Agde et Doha, et peiner à l'avenir à trouver son marché.

La Blédine

Malgré son nom contenant « Dine » et « Bled », la Blédine n'est pas un produit dopant pour l'équipe de foot algérienne, mais une sorte de « pot belge », de reconstituant pour bébé français. Ceux qui sont assez vieux pour se souvenir qu'elle s'appelait « Jacquemaire » avant de prendre le nom Danone savent que le truc ne date pas d'hier. On la doit à un duo de pharmaciens de Villefranche-sur-Saône du siècle dernier, véritables magiciens de la bouillie de blé, Paganini du fil-trat de sang de bœuf et Ribéry du phosphate. L'idée que la France a connu une mortalité infantile de l'ordre de pays comme le Bengladesh ou la Guinée a de quoi surprendre aujourd'hui, mais une boîte de Blédine peut servir à le rappeler à l'étranger. « Regarde, Rabindranath, comme mon peuple a apporté la lumière au monde. Notre nutrition infantile a rayonné sur le tiers-monde et tu n'aurais probablement pas atteint le collège sans notre bouillie civilisatrice. » Si vous voyez poindre une larme dans l'œil de ce tycoon tamoul, n'hésitez pas à ajouter : « Rabindranath, j'ai besoin d'argent pour financer un projet de maison de l'Ariège en plein cœur de Varanasi... »

tout ça
pour
moi!

HAVAS - Photo LANDAU

BLÉDINE PREMIER AGE JACQUEMAIRE

DIASE BOUILLIE FLUIDE JACQUEMAIRE

BLÉDINE 5 CÉRÉALES JACQUEMAIRE

BLÉDINE SECOND AGE JACQUEMAIRE

mais oui,
mon bébé !
...et tout cela
pour te donner
force et santé.

Les 4 Farines JACQUEMAIRE permettent de réaliser une alimentation complète et équilibrée.
D'une **préparation** extrêmement **simple et rapide,** elles font les délices de Bébé.

Dès les premiers biberons : DIASE en dilution.
A partir du 3ème mois : Bouillies de BLÉDINE PREMIER AGE et de DIASE en alternance.
A partir du 5ème mois : Bouillies de BLÉDINE 5 CÉRÉALES
en alternance avec BLÉDINE PREMIER AGE.
A partir du 8ème mois : Bouillies de BLÉDINE SECOND AGE
en alternance avec BLÉDINE 5 CÉRÉALES et BLÉDINE
PREMIER AGE.

4 FARINES
JACQUEMAIRE

Envoi gratuit du " Livret de Bébé " et d'échantillons sur demande à la BLÉDINE JACQUEMAIRE   (service F 2) Villefranche (Rhône) Joindre N. F. 0,50 en timbre pour frais.
JACQUEMAIRE, la seconde maman
Les 4 Farines JACQUEMAIRE sont également en vente en BELGIQUE et en SUISSE.

Le bloc Rhodia

Fondée par deux frères et symbolisée par deux sapins, la maison Rhodia est de ces maisons stables dont aurait pu s'enorgueillir un Arnaud Montebourg, au temps de sa croisade patriotique. Les blocs Rhodia, qui ont encaissé des kilomètres et des kilomètres de notes de cours, de brouillons et de mémos dictés à la va-vite, présentent une caractéristique qui m'a toujours surpris : on rachète souvent le suivant avant d'avoir fini le bloc en cours. La raison : personne n'a jamais rempli de son écriture un bloc Rhodia entier. En ce sens, contrairement à la nouvelle cuisine qui, par ses portions chiches, distingue le caractère avare des Français, le bloc Rhodia en exprime la munificence.

La boîte à allumettes en faïence

Si vous voulez vous sentir triste, pour retrouver l'ambiance de votre enfance minable, pauvre et sans beauté, allez faire un tour sur Leboncoin.fr. Entre un sur-vêtement Kappa élimé, taille 12 ans, et une lunette de toilette aux armes du PSG, vous trouverez peut-être une boîte à allumettes en faïence, et si vous souhaitez vraiment vous achever, perdre définitivement toute foi en l'existence, contem-plez une boîte à sel dans la même matière. Toutes deux témoignent d'une France modeste, aimant les belles choses mais se trompant avec constance sur elles. Une France où l'on se reçoit les dimanches gris, quand la pluie au contact du macadam dégage une odeur de basalte et de purin. Où l'on se suicide encore au gaz. Et où on laisse traîner sur le napperon, bâché de plastique, les trésors de la faïencerie française. Ce monde, piétiné par les Gattaz et autre Niel, ne reviendra plus, et meurt sur « Le Bon Coin ». Tant mieux, vous l'avez laissé derrière vous.

La boîte à camembert

Le CNP est une des plus belles institutions de France. Et sans son action ces dernières années, la boîte de camembert serait vouée à la disparition. Car le Centre National du Peuplier s'inquiète du peu d'intérêt de notre pays pour la plantation de ces arbres, qui se raréfient dangereusement, et avec eux le bois dont on fait les boîtes de camembert (mais aussi les cagettes de fruits et les bourriches d'huîtres). À cela, quelle serait la solution ? S'échanger des camemberts sans emballage ? Supprimer le camembert ? Qu'allez-vous faire, Français, à votre niveau, vous qui devez au camembert cette grande santé qui vous a amené dans l'Ontario, riche en peupliers. Retroussez-vous les manches, et envoyez du bois, que diable ! Vos producteurs de camembert normand en attendent beaucoup.

CONFISERIE

La boîte
à Lu

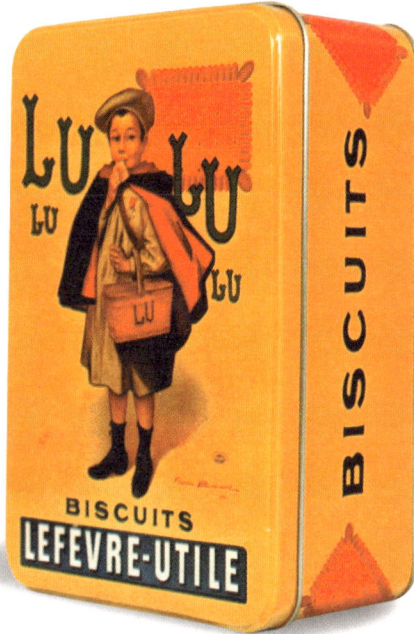

Tout roule pour vous au Honduras. Vous avez trouvé un job comme expert-comptable d'un gang de narcotrafiquants qui viennent d'éliminer leurs principaux concurrents après une guerre sanglante. Vous avez donc un job stable dans un pays pacifié, et il est temps de trouver une petite épouse qui saura vous gaver de tortillas et de bananes plantains. Mais sa mère vous regarde de travers. Ce pays très catholique aime les traditions et les jolies choses. Un dimanche, invitez belle-maman à voir votre collection de boîtes à Lu, orgueil de Nantes, puis digressez longuement sur votre enfance, à l'abri des clochers de France... l'odeur du Choco BN... le cerceau que vous poussiez, en grignotant un sablé... Et vous verrez, alors que les tirs d'armes automatiques continueront leur crépitement au loin, le visage de la douairière se voiler de rêve, et ses yeux se remplir d'indulgence pour son futur gendre.

La boîte à Meuh

On peut aimer les vaches et les trouver encombrantes dans ses bagages. Et le vaste monde et ses grandes métropoles ne mettent pas toujours à notre disposition ces beaux mammifères au moment où l'on a besoin d'un câlin ou d'un mufle humide et rassurant. Certains pays à la croissance attractive, comme l'Inde, ont du reste rendu « sacrées » ces ruminantes devenues paresseuses comme des chèvres. Une boîte à Meuh peut non seulement constituer un bon substitut, mais également être une formidable opportunité commerciale dans ce pays. Inutile d'avoir fait Harvard Business School pour savoir que l'Indien a peur de deux êtres : la vache et la femme (pour être complet il faudrait ajouter la bombe atomique pakistanaise). Une boîte à Meuh, avec un gémissement féminin en son « bis », pourrait se vendre comme du cheese-naan.

La boîte à sardines

C'est le plus petit aquarium du monde et il est français. Oui, six poissons dans un espace à peine plus grand qu'un paquet de cigarettes, il fallait évidemment y penser. Comment les Français ont-ils donc fait ? Ils leur ont coupé la tête, et les ont mis tête-bêche. C'est pourquoi la boîte de sardines, c'est la France : sa Révolution (qui fut les J.O. de la décapitation), sa gastronomie, son échangisme sans tabou, lequel fit dire au poète Patrick Sébastien : « Ah qu'est-ce qu'on est serrés, au fond de cette boîte » (avec un coup d'œil narquois vers ses danseuses court-vêtues). La boîte de sardines fut d'ailleurs inventée dans la décennie de la Révolution, et je soupçonne le bourreau de l'époque d'avoir fait des heures supplémentaires la nuit pour remplir les boîtes de fer-blanc conditionnées à Nantes par Pierre-Joseph Colin. Voyons plutôt quel profit en tirer à l'extérieur du pays… Eh bien je dirais que la concentration en Oméga 3, le prix modique, l'encombrement minimal ne peuvent que contribuer à faire tenir le bon Français quelques semaines dans un pays mal choisi, trop cher ou peu accueillant, comme la Hongrie ou le sultanat de Brunei. La fin de la réserve de boîtes peut signifier le retour à la case départ, au pays de Patrick Sébastien.

La bolée personnalisée

Un conseil : avant de quitter la France, dites à vos proches ce que vous avez vraiment sur le cœur. Par exemple à votre ami Cédric, qui a fait du maintien de sa crêperie bretonne en pleine ZUP d'Angoulême un combat pour une certaine idée de la culture. Dites-lui qu'au lieu de se plaindre à longueur d'année de la TVA, du prix du sarrasin et de la disparition du vrai jambon à l'os, il ferait mieux de trouver un concept plus attractif. Qui veut encore une formule crêpe/salade folle/bolée au XXIe siècle ? Et qui veut encore boire de l'alcool à 6 degrés dans un bol, avec son prénom dessus, alors qu'on peut siroter un bourbon au miel en jouant à *Game of Thrones* entre deux passages de « *food trucks* » à thèmes ? S'il vous reste quelques-unes de ces horreurs, emmenez-les donc au Salvador. Elles serviront de cibles pour l'entraînement au tir des gangs locaux.

La boule à neige Tour Eiffel

Ce sommet du kitsch, faisant partie du « ringard-rigolo-grand public » avec Bernard Menez et le boa disco pour soirée d'entreprise à thème, a en fait toute une histoire. Celle-ci est assez simple : inventée par les maîtres artisans français pour l'Exposition universelle de 1889 (en même temps que la tour Eiffel, dont elle fut le premier « souvenir »), elle a fini par être fabriquée par des Chinois, et revendue dans Paris par des Bangladais. Fin de l'histoire. Donc, si vous allez en Chine ou au Bengladesh, n'en apportez pas. Y en a déjà plein.

Les boules Quies

Jean Gabin. Immense acteur français. Sa force : le silence. Comment croyez-vous donc que Gabin, qui répondait toujours en moyenne 28 secondes après la fin de la question, faisait pour garder son calme et s'abstraire du bavardage ambiant ? Les boules Quies. Quies comme quiétude. Mettre des boules Quies, c'est ajouter dans ses oreilles de la cire à la cire, et c'est une bien curieuse idée : l'équivalent de s'attacher les mains dans le dos, mais pour les oreilles. Et c'est français. Comme les Daft Punk, dont personne n'a jamais vu le fond d'oreille.

Le bulletin de retard SNCF

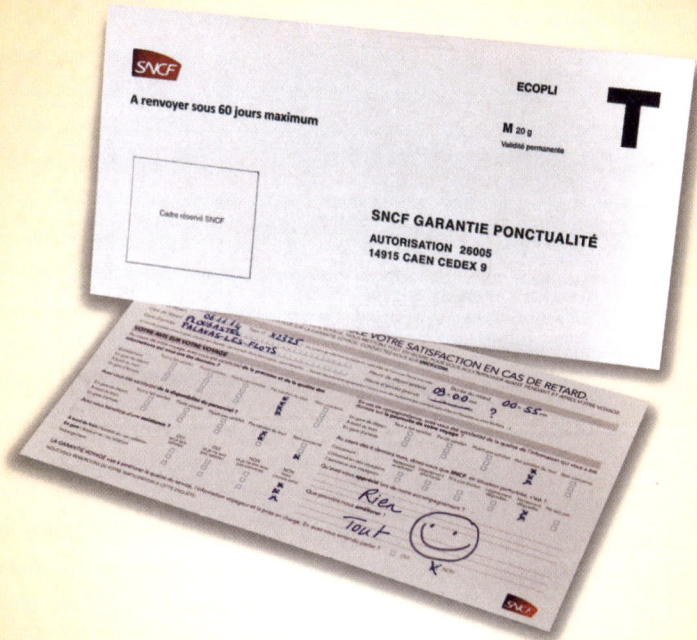

Au temps du Forex et du *trading* de haute fréquence, alors que le monde n'est qu'une vaste bataille d'algorithmes bluffeurs faisant et défaisant les fortunes au gré d'échanges mondialisés plus véloces que la lumière, regardez votre collègue singapourien et dites-lui d'où vous venez. Vous venez d'un pays où la SNCF, principale compagnie de chemin de fer, délivre des « bulletins de retard ». Oui, « chez vous », on peut gagner et non perdre de l'argent grâce à du temps perdu ! Si l'on collecte un « bulletin » attestant du retard de son train, on peut récupérer jusqu'à 75 % du prix d'un voyage. C'est tout confort, tout bonheur. De quoi se payer une « Pause Gourmande » dès l'arrivée chez Pomme de Pain. À l'étranger, montrez un « bulletin de retard SNCF » vintage, soyez fier de vos origines... et de ces grèves de cheminots qui donnent à tous une occasion de goûter la vie en « donnant du temps au temps » (au passage, n'omettez pas d'attribuer l'expression à François Mitterrand, via Cervantès).

Le buste de Marianne « Évelyne Thomas »

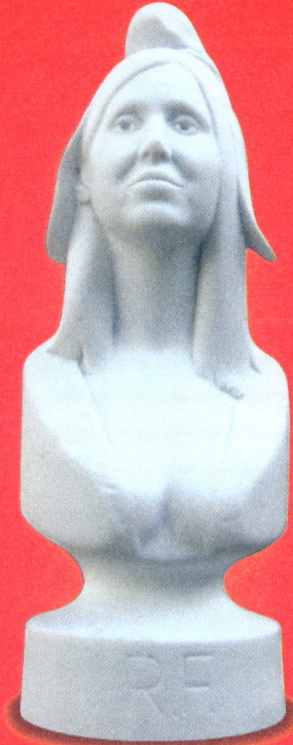

Personne ne nous a pris Marianne ; personne ne nous a pris Évelyne Thomas. La première est restée le symbole de la permanence de la République ; la seconde celle de l'instabilité du showbiz. Et pourtant, une association de maires a, en 2003, choisi l'animatrice de « C'est mon choix ! » pour incarner l'ardeur révolutionnaire et cocardière. En cela, elle succédait à Brigitte Bardot ou à Catherine Deneuve, et était préférée à Lorie, à Sophie Marceau et à un étrange duo qui s'ignorait encore mutuellement à l'époque : Cécilia Sarkozy et Carla Bruni. Oui, deux Mme Sarkozy pour symboliser le modèle démocratique français, le bougre savait choisir. Quant au buste de Marianne-Évelyne Thomas, vous devriez pouvoir en faire l'acquisition sans trop de frais, afin de le voiler et de le faire trôner au centre de votre salon, dans l'émirat où il vous plaira de faire fortune.

Le cabas Barbès

Vous êtes français, cela veut dire que vous savez rebondir, détourner, récupérer... Et maintenant que vous devenez un immigré vous-même, pourquoi ne pas vous équiper de l'accessoire le plus indispensable à l'immigrant nord-africain ou sub-saharien en France : le cabas Barbès, inventé dans les années 50 par la maison Tati, emblème du quartier ? Vaste, profond, capable d'engloutir et de protéger hermétiquement tous les papiers de droits à la retraite des Sans-Domicile-Fixe de notre pays, les cabas Barbès sont les alliés de l'itinérance et de la précarité. Vous quittez la France, geignarde et indigente ? Sachez en faire une fierté nationale à vocation universelle. C'est ce qu'a fait avant vous l'une des plus profitables entreprises françaises : Louis Vuitton. À 1200 euros, sur une idée du « génial, j'adore » Marc Jacobs (ouh, le copieur), le cabas Barbès de LVMH a accompagné les errances de Paris Hilton ou Cameron Diaz dans les rues de Beverly Hills. C'est ça, le génie français. Mais celui de Barbès le bat déjà à plate couture, car le quartier de la barrette de shit et de la merguez vendait donc du Vuitton bien avant Bernard Arnault.

Les cachous Lajaunie, anis de Flavigny, La Vosgienne...

Le bonbon français pose un problème en sa terre natale : il est associé à la pédophilie. On imagine toujours le prédateur sexuel ignoble approchant sa victime avec des pastilles aux boîtes innocentes, ornées de camées agrestes, montrant une paysanne filant le rouet au grand air. Comment résister à ces bonbons dépuratifs, aux lettrages Comtesse de Ségur et aux ovales régionalistes ? Donc, l'achat de certains bonbons par un semi-chauve au regard torve ou fuyant peut déclencher chez nous une « Alerte Enlèvement » de niveau national. Mais, heureusement, vous partez ! Alors profitez de ces pays où la Vosgienne, la Flavigny à l'anis ou le Cachou réglisse peuvent fondre sous votre langue sans tabou ni ambiguïté. C'est à l'étranger, surtout dans des pays de personnes traditionnellement âgées comme Monaco ou les îles Féroé, que la confiserie française prend vraiment toute sa valeur.

1960

ZAN
après vos repas
En sortant de table,
quelques carrés de
Petit Pain ZAN
facilitent la digestion...
Quelques carrés encore
en vous couchant...
Sucez ZAN et
dormez ZAN paix.
PETIT PAIN ZAN
SUC DE RÉGLISSE AROMATISÉ
VIOLETTE
Et l'Hiver, la chaude saveur du ZAN
protège, adoucit, éclaircit la voix.
Qu'il pleuve, vente ou gèle...
autant en emporte le ZAN.
la vraie bonne réglisse
en sachet de poche,
parfumée à votre goût
REGLISSE ZAN A UZÈS (GARD) ET MARSEILLE

Le Caddie

Telle est la modestie *frenchie* : nous tolérons aisément qu'une invention bien française porte un nom anglais. Non mais est-ce que les Rosbifs appellent leur pudding avec un nom de chez nous ? Non. Trop fiers. Donc, le Caddie : invention française, années 50, devenue dans le monde entier le nom commode pour désigner un chariot de supermarché. Très ingénieux, permettant même parfois de caler un jeune enfant à califourchon... avant de l'abandonner au rayon « Boissons gazeuses » pour galocher la voisine devant les fruits secs. Mais je m'égare. Le Caddie, après avoir été l'emblème d'une vie réussie dans laquelle on est habitué à faire 400 euros de courses par semaine, peut facilement devenir celui d'une vie ratée, lorsqu'il ne sert plus qu'à traîner d'un point à l'autre de la ville les dernières possessions d'un quotidien déchu. Je ne vous le souhaite ni en France ni à l'étranger.

Le cale-dos

Dans cette magnifique maison de retraite pour nazis qu'est le Chili, il y a Valparaiso. Mais également des milliers de kilomètres de plages, ce pays absurde étant quasiment un littoral sans fin. Avec une présidente du nom de Bachelet, on vous y fera bon accueil, et si vous n'allez pas trop fouiner dans les villages « allemands », si vous ne posez pas de questions du genre : « Pourquoi ce vieux monsieur a-t-il des rouflaquettes et une culotte de peau ? », on vous y foutra une paix royale. Profitez pour y étaler votre cale-dos, qui vous servira, dans une direction, à admirer le Pacifique indomptable, et, dans l'autre, les Andes sublimes. Cet objet assez laid plaira certes aux personnes âgées, mais sera tout de même une nouveauté, ayant été conçu après 1945.

Le canotier

Les impressionnistes, vous les avez connus. Des déjeuners sur l'herbe au son de l'accordéon, vous avez fait. Quant à Maurice Chevalier, il s'est tapé votre mère et venait souvent à la maison avec Mistinguett. D'où le canotier, souvenir de l'époque où les Parisiens « canotaient », c'est-à-dire faisaient le tour des guinguettes en canot, la tête ornée de ce chapeau de paille... que je viens de trouver à 2,95 euros sur un site asiatique. Être français et porter un canotier dans les rues de Lagos, le nouvel Eldorado africain, c'est être assuré de se voir saluer comme un prince de sang, et décupler ses chances de faire bonne impression sur Tinder. Au pire des cas, l'avantage de cet accessoire est qu'on peut le retourner pour récolter quelques pièces lancées par des passants généreux.

La capsule de champagne Gérard Depardieu

Il faut optimiser ses chances de plaire à l'étranger. C'est comme sur Instagram : des chats avec des filles en bikini vous vaudront une popularité inespérée. Dans le monde réel (c'est-à-dire à l'étranger), l'addition « jus de raisin fermenté » + « Gérard Depardieu » égale : réflexe immédiat d'adhésion. C'est mécanique. Du vin (ou du champagne), Gégé... vous êtes français, vous faites rêver. Faites l'expérience avec cette capsule : racontez les heures passées dans les caves du grand acteur, à l'écouter faire le récit de ses bagarres avec les GI's de Châteauroux ou ses bitures avec Poutine. Pour plus d'effet (surtout si vous êtes en Chine, où ils n'y connaissent rien), penchez toujours votre verre à pied avant de déguster le vin qu'on vous offrira, rentrez-y votre tarin gourmand, buvez et crachez le tout par terre. Pouvez-vous mieux faire rayonner dans le monde ce que votre pays a de meilleur ?

La carafe Pastis 51

J'ai tellement honte. Il y a un an, pour mon cinquante et unième anniversaire, j'étais autorisé à recevoir de la splendide enseigne d'apéritifs une bouteille de Pastis 51 gratuite. Et je ne l'ai pas fait ! Ce n'est pas l'économie que j'aurais ainsi réalisée que je regrette, mais le clin d'œil d'un bobo quinqua à une boisson splendide, originale, équilibrée, saturée de sucres et d'arômes. Une boisson tellement française qu'aucun raki, arak, ouzo ou anisette n'est à ce jour venu prendre sa place dans nos viscères (c'est-à-dire cœur et foie). Avec le Pastis 51, la Méditerranée devient universelle, et le bruissement du Luberon sauvage ou du maquis corse se fait entendre de Saint-Pétersbourg à Ouagadougou. Mais il y a une condition à ce plaisir si fin : la carafe. Ce classique du bon bar français est désormais une antiquité, qu'on ne veut plus voir, semble-t-il, lui préférant les « nouveaux modes de consommation » : la « piscine de 51 » ou le « 51 rosé ». À New York ou à Londres, ne sortez pas ce discours marketing et jeuniste, offrez un vrai moment traditionnel d'apéritif à la française, de ceux qui, d'après Pétain, nous firent perdre la Seconde Guerre, et commencez par sortir votre carafe du frigo !

Le carré Hermès

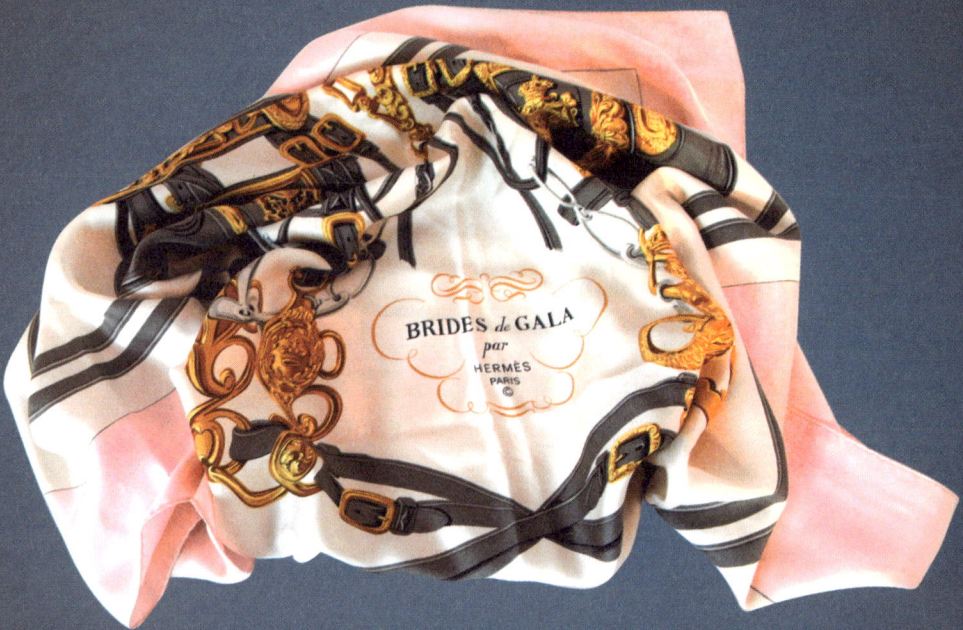

Vous allez avoir du mal à convaincre vos nouveaux amis berlinois que votre peuple a inventé le carré. Leurs ancêtres ont occupé le pays ; ils connaissent la géométrie approximative de nos rudes campagnes et le peu de rigueur de nos concitoyens. Les formes régulières, c'est eux, pas nous. Nous habitons un hexagone imparfait, et nous devons nous en contenter. Mais c'est chez nous qu'est apparu ce que l'on peut considérer comme l'apogée du foulard de soie : le carré Hermès. Geronimo, Versailles, mandalas, jardins tropicaux… Hermès semble avoir, depuis soixante-dix ans, voulu capturer le monde, sa beauté, sa joie sensuelle et colorée, pour le résumer dans un quadrilatère de soie. Cet objet, pour lequel le Coréen moyen est capable de dormir un an dans la rue, est incopiable, d'une profonde originalité, sommet du grand genre et du qualiteux. Tissé en France, noble dans tous ses aspects et motifs, le carré Hermès est une exception : alors qu'une bonne partie de l'industrie du luxe vend aux ignares un artisanat aussi authentique qu'une pizza calzone dans une cantine d'entreprise, le carré de twill ne ment pas et reste ce que les Anglais appellent « *Value for money* ». C'est donc définitivement un objet à sauver dans votre exil du désastre français.

Carte Familles nombreuses, cartes Vermeil et en tout genre...

À l'ère du fichage électronique, de la centralisation des renseignements personnels, et alors que les Danois sont déjà tous un numéro administratif qu'il leur suffit de donner en toute circonstance, la France est ce petit pays qui résiste, et insiste pour que chacun de ses citoyens se trimballe avec une foultitude de cartes. Carte Monoprix, carte d'écuyer du Club Mickey de La Baule, carte d'adhérent direct du RPR, carte de groupe sanguin ou carte d'un cercle de jeu de cartes : l'univers des cartes françaises est un cauchemar de Franz Kafka. C'est la raison pour laquelle certains ont pris le problème à bras-le-corps en se dotant d'un porte-cartes. Mais lequel choisir (la Vermeil, le Navigo, l'Améthyste et la carte de donneur d'organes étant toutes de dimensions différentes, sans le moindre caractère pratique) ? La solution est simple : il faut avoir plusieurs porte-cartes, eux-mêmes rangés dans un porte-porte-cartes. Et bing ! Idée commerciale !

Les cartes postales Poulbot

Persécuté, de marchés aux puces en loges de concierge, par l'obsession française pour le poulbot, je m'étais juré d'en gifler un si je le croisais dans la rue. Ce n'est jamais arrivé. Car ce cliché du gamin de Paris n'a jamais existé que dans l'imaginaire de Michel Thomas, descendant artistique de Francisque Poulbot, fondateur de la « République de Montmartre ». Poulbot, au prénom pourtant mitterrandien, était un homme charitable, touché par la misère enfantine (les fameux « escaliers de la Butte »), et qui en aura donc vécu toute sa vie. Car ce chaton sauvage humanisé a été reproduit à des millions d'exemplaires, au point que l'Allemand, le Batave, le Lusitanien ou même l'Anglais ont toujours au moins un poulbot prenant la poussière dans une cave. Là, le grand gosse ébouriffé aux yeux innocents et aux godasses éventrées gît, avec d'autres souvenirs parisiens, tels un maillot de Zidane ou le procès-verbal d'un vol d'iPhone par la version moderne du poulbot : un délinquant de cité.

La ceinture du docteur Gibaud

En ces jours terribles où le docteur devient progressivement un auxiliaire d'euthanasie pressé d'en finir avec mamie lorsqu'il se trouve à bout de solutions, l'image de la médecine en prend un coup. Où sont donc les nobles âmes dévouées à l'hygiène, à la santé et au confort ? Où es-tu, docteur Gibaud, inventeur de la ceinture de laine perfectionnée des années 30 jusqu'aujourd'hui et grâce à laquelle aucun vent coulis pervers n'a raison des chutes de reins ? Les reins chauds de la ceinture Gibaud furent une avancée humanitaire, mais également une grande invention fashion : tissée en tube, la ceinture Gibaud est l'ancêtre de ces robes tubulaires noires détaillant les formes des mannequins des années 80 sur lesquelles chacun d'entre nous a pu « imaginer » bien des choses. En cas de prise de poids, pour un rendez-vous avec des Californiens obsédés par leur corps, cet accessoire peut également faire gaine.

La laine est vraie.
voilà pourquoi, dans la chaleur saine et moelleuse d'une ceinture Gibaud, nos reins retrouvent toute leur souplesse et leur liberté

Dr. **GIBAUD**
INELCO

ceinture · gaine · épaulochaud · genouillère, etc
vente tous pays pharmaciens bandagistes

tissu spécial laine coton filés lastex
production Pichon s.a. 42030 saint-étienne cédex

Le cendrier grenouille L'Héritier-Guyot

L'intrigue de la France avec les grenouilles est ancienne et mystérieuse. Très certainement, à une période reculée, une famine a dû sévir dans le pays, et les cuisses généreuses des grenouilles ont dû sauver bien des Français du jeûne forcé, ou de la mort de faim. À ce titre, on peut comprendre l'erpétolophilie, cette passion qui frappe partout dans l'Hexagone, et à n'importe quel âge. Collectionner des grenouilles, c'est se reconnaître émotionnellement dans ce batracien. Pas seulement à la façon de Jean-Paul Sartre, ce « crapaud replet enfoui dans le tweed » dixit Antoine Blondin, mais en tant que malice typique française consistant à ramper pour mieux sauter. Chez nous, avec le cochon, la grenouille est un des animaux les plus collectionnés. À l'étranger, notre solidarité avec les créatures des étangs et marais nous donne du mystère, du prestige. À Porto Rico, le « coqui », mini-grenouille, est l'emblème national. NB : Benicio del Toro et Talisa Soto sont portoricains.

Le cendrier Ricard

Dans le salon monumental de votre loft de Manhattan, arborer un cendrier Ricard, jaune comme le foie cirrhotique de vos glorieux ancêtres, ce sera faire acte de rébellion, d'altermondialisme authentique. Une déclaration de guerre au règne de la bougie aromatique et du plaid de cachemire en jeté de lit. Dites-le haut et fort : vous venez certes d'un pays économiquement humilié mais pas d'une terre sans âme, dans laquelle d'anonymes travailleurs du tertiaire se retrouvent, en bas des tours, dans un froid polaire, pour une cigarette minutée, sous le regard humiliant des passants. Avant vous, de longues lignées d'hommes peu conformes aux canons de Tom Ford ou d'Hedi Slimane ont écrasé leurs cigarillos dans la Bakélite, avant de décrocher le téléphone et de dégrafer le corsage de leurs secrétaires. N'ayons pas honte de ces mâles fumeurs en intérieur, buveurs de rue et infidèles par nature ; ils sont morts pour nous, nous qui paradons aujourd'hui comme un vendeur Hermès du duty free de Dubaï, qui gagne en un mois l'équivalent d'une décennie de leur salaire.

La chaise Mullca

Une chaise Mullca, c'est l'école, c'est la cantine, c'est cette odeur, un peu sèche, de colle, d'acier et de bois qui accompagnait l'angoisse d'un contrôle écrit et vous accueillait, à peine la main des parents lâchée, pour une journée infernale d'éducation à la française. Mais c'est aussi un objet design, repensé par Jasper Conr… bon, ça on s'en fout. Ce fut aussi l'histoire très émouvante des trente derniers employés de cette entreprise de Noisy-le-Sec fermant après 14 millions de « 510 » produites, et qui occupèrent durant des mois leur usine condamnée, y croyant encore. Leur combat fut un exemple d'authentique résistance de la base à ces fusions-acquisitions qui commençaient à sévir, au tournant du millénaire. Si vous émigrez vers Doha ou le sultanat de Brunei, cette page d'histoire peut éclairer – qui sait – la lanterne de ces poussahs encore embourbés dans le féodalisme.

Le chapeau
« Le Fontenay »

Geneviève de Fontenay est une femme de paradoxes : bon chic bon genre mais ouvertement ultra-gauche, féministe mais aimant les Miss qui défilent en bikini, intelligente mais avec une petite tête. C'est de ce mini tour de caboche qu'est né, selon ses dires, son personnage de « dame au chapeau ». Un de ses amis visagistes lui aurait affirmé qu'il n'y avait pas d'autre moyen d'inverser son ratio tête/corps pour produire un schéma équilibré. Le succès, dû en partie au chapelier Daniel Masson, a été foudroyant. Au Panama, où vous devriez vous installer si vous aimez le sancocho de poulet et la fiscalité douce, ce couvre-chef français peut devenir un classique de la chapellerie locale. D'autant que les tribus indiennes du cru se feraient une joie de tresser la fibre de palmier dans l'eau glacée des rivières. Et si vous décidez de disparaître en vous fondant dans la jungle locale, ce large chapeau peut vous valoir du respect et le surnom d'« Atahualpa de Fontenay ».

Les charentaises

Au début, dans votre salle de *trading* de Kuala Lumpur, personne ne vous croira : « Je te jure, je viens d'un pays où les gens mettaient du foin dans leurs sabots ! Et on marche encore à la maison avec des chaussures en laine ! » Et puis on s'habituera à vous. Vous serez le Français, celui qui regrette la Mayenne, qui paie une semaine de salaire pour un kilo de salsifis, qui a tout le temps la diarrhée. Et vous inviterez vos collègues chez vous. Recevez-les en charentaises. Ces horreurs, qui envoient un clair message de fin de vie, les attendriront. Quand vous leur direz que ça fait trois siècles qu'elles sont courantes dans les foyers de chez nous, ils comprendront que la France est un pays dont il n'y a rien à craindre, un volcan éteint, un mort clinique dont Sarkozy et Hollande ne sont que de paresseux fossoyeurs.

La cigarette électronique

Dites, vous en connaissez beaucoup, vous, des Chinois qui s'appellent David ? Non ? Ah, ça me rassure… parce que le coup de « David Yunqiang Xiu, inventeur de la cigarette électronique », ça sent vraiment Wikipédia manipulé par les communistes pour nous la faire à l'envers. Le jour où l'on me prouvera que les disciples de Confucius, déjà experts en restauration express, sont les pères du vapotage, et qu'on me montrera l'idéogramme pour ce mot, je mettrai genou à terre. Mais ça n'arrivera pas, car je sais, moi, que Herbert A. Gilbert est l'inventeur en 1963 du procédé consistant à transformer des arômes en vapeur. Ce en quoi il est parfaitement français. Car quoi de plus hexagonal qu'une quasi-réussite, un échec sur le fil du rasoir, une injuste place de deuxième ou une fortune manquée d'un cheveu ? Aujourd'hui, les Chinois savourent l'un des plus beaux succès industriels et financiers depuis le lancement du Scrabble ou l'invention des bienfaits du Bifidus actif. Et qui boit la tasse amère des regrets ? Nous, peuple de Vuitton et des droits de l'Homme, dont les Chinois ont choisi de ne copier que le premier.

Le ciré jaune

La France et l'Angleterre sont deux pays où il pleut tout le temps. Ce qui ne les empêche pas d'avoir une industrie touristique florissante. À l'étranger, évitez de trop diffuser cette image d'un pays sous l'eau en permanence, sorte de mix entre le Bengladesh et la Nouvelle-Orléans. Certes, beaucoup repartent déçus de nos hôtels, de notre nourriture et de notre météo, mais jamais assez pour en dégoûter les autres. Du coup, à l'étranger, ne portez le ciré jaune, celui de la Bretagne chavirée d'humidité, que dans des moments exceptionnels. Et si l'on vous pose des questions, prétendez que ce vêtement se vend essentiellement en Angleterre.

La cocotte Le Creuset

Mijoter… très joli verbe. « Qu'est-ce qu'elle mijote, celle-ci ? » « Dis donc, tu vas me faire mijoter longtemps ? » Notre cinéma populaire en est plein, et il faut bien dire que le mérite en revient à la société Le Creuset, fondée en 1925 à Fresnoy-le-Grand, cité ouvrière picarde un peu oubliée mais qui donna au monde la fameuse cocotte en fonte, sans laquelle le verbe mijoter n'aurait pas lieu d'être. En découvrant le gigot de 12 heures, le Néandertalien auvergnat n'imaginait pas qu'il posait les jalons du tajine, du chili con carne et du gras-double à l'oranaise. La cocotte, aussi universellement estimée que les fesses de Gisele Bündchen, est souvent vendue avec un petit autocollant bleu-blanc-rouge, et pourrait même, dans l'avenir, s'assortir d'un bon de garantie signé de la main d'Arnaud Montebourg lui-même.

La Cocotte-minute

Elle est belle, votre Cocotte-minute. Elle est française, certes, mais soyons plus ambitieux : elle est universelle. Le monde est une Cocotte-minute, prête à exploser. Certes, la pression s'évacue de ci, de là, à la faveur d'un massacre de masse ou d'une Coupe du monde de football, mais ça bout, ça siffle, ça fait peur. Alors, cette Cocotte-minute, celle où votre grand-mère vous fit ce mironton d'anthologie, est une métaphore portative, comme le crâne dans *Hamlet*. Mais elle est aussi l'ancêtre de ces « autocuiseurs » qui sont au cœur du trousseau du couple chinois moyen. Si eux s'encombrent, dans leurs pérégrinations, de ces affreuses marmites à riz recouvertes de plastique rose, comment vous, Français, pourriez-vous leur dire les yeux dans les yeux que vous avez laissé chez vous une magnifique Seb ou Tefal qui n'avait que douze ans ? Sachez toujours une chose : on est toujours le Chinois de quelqu'un.

OFFREZ DES FLEURS.

Voici les nouvelles fleurs que vous offre aujourd'hui SEB sur ses modèles 6 et 8 litres. Un bouquet de fleurs exotiques pour faire, en beauté, une précieuse économie de temps d'environ 40 %. Le fond diffuseur de ces deux cocottes s'adapte aussi bien à la cuisson au gaz qu'à l'électricité.

SEB®

LA COCOTTE MINUTE SEB.

Euro-Advertising Paris

Le Code Rousseau

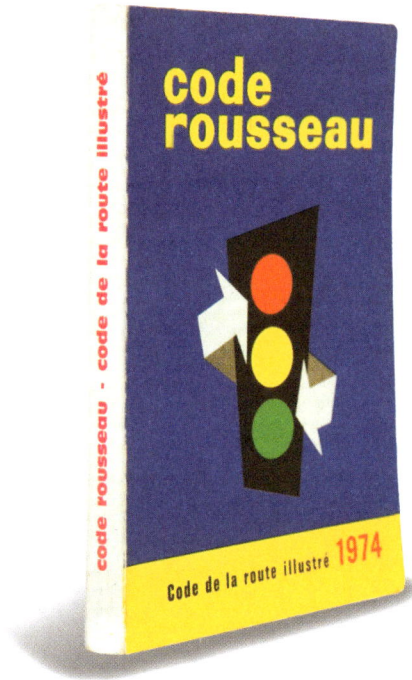

Pourquoi, mais pourquoi donc l'univers des auto-écoles est-il si grisailleux et triste ? Bureaux de métal gris, formulaires gais comme un escabeau sous la pluie, odeurs de tabac froid, instructeur avec moustache fine, coupure de rasage coagulée sur le col de la chemise blanche... N'y a-t-il donc aucune joie à conduire ? N'ayant personnellement pas le permis (pour toutes les raisons précitées, entre autres), je ne me prononcerai pas. Mais je sais que dans certains pays exotiques, où le permis coûte le prix d'un de nos sandwichs beurre-emmenthal, la circulation est assez chaotique pour justifier un beau numéro de Français râleur. Le Code Rousseau, exhibé comme une Torah donnée au peuple élu, pourra alors appuyer votre diatribe aux yeux de l'indigène.

La collection de la Pléiade

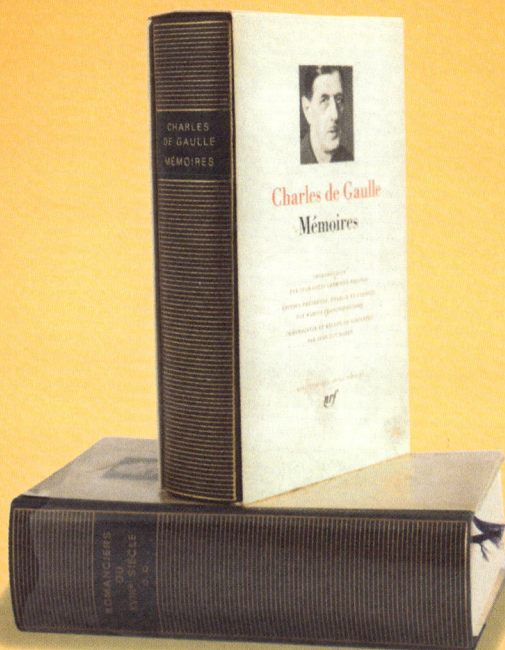

Bien que peu pratiques à lire, semblant nous accuser silencieusement d'ignorer l'intégralité de la culture, les volumes de la Pléiade sont peut-être la plus haute manifestation imaginable de fran-cité (avec l'escalope normande et le Doliprane). Le fait qu'un salon français ne soit jamais complet sans une demi-douzaine de Pléiade bien en vue est un fait attesté par les plus grands ethnologues. Si la Pléiade est au Reader's Digest ce que la langouste géante de Madagascar est au bâtonnet de surimi, ses exemplaires sont surtout, à l'étranger, la garantie que vous venez d'un pays qui, bien qu'essayant depuis des décennies de se débarrasser de ses parasites jongleurs intermittents du spectacle, est un véritable temple de la culture. J'ignore si le premier geste d'un vainqueur du Loto a déjà été de s'offrir les quasi-800 volumes de la collection, mais il me semble que ce serait là un caprice bien français. Et pour qu'il le soit complètement, il faudrait ne jamais les lire, remplir aussi sa maison de campagne de Simenon et ses toilettes de Marc Lévy.

La couronne de la galette

La France ayant pour spécialité la décapitation de monarques, elle se fait néanmoins un devoir de « tirer les rois » quand vient la période de l'Épiphanie. On sait que les rois eux-mêmes tiraient les rois, et donc troquaient parfois leur vraie couronne pour une fausse. La couronne de pacotille, inexplicablement convoitée par tous les Français, souligne bien leur imprégnation par le monarchisme primaire. Sans cet instinct honteux (tous les lourdingues passent leur temps, dans ce pays, à se réclamer des « valeurs de la République »), pas de De Gaulle, pas de Mitterrand, et pas de Burger King. Être le roi et coiffer la couronne pour choisir sa reine est une grande affaire dans les réunions de famille, les Épiphanies d'entreprise et autres moments où toute la haine rentrée se magnétise dans la fève. Relique de ces tensions annuelles, la couronne de papier doré peut servir, à l'étranger, à rentrer dans une soirée déguisée, mais aussi à faire de son suicide un succès d'image, tant elle est seyante et décalée sur un pendu.

Le couteau-baguette

Le jour où vous arrivez à vous convaincre qu'il y a, hors de France, du pain comparable à la baguette de chez nous, vous êtes bel et bien perdu. Votre identité est à mettre à la poubelle, avec vos dents de sagesse et le portrait de votre ex la (ou le) plus moche. La dimension la plus terrible de l'exil est la dimension boulangère. De notre baguette, il ne vous restera que ce couteau, qui ne sert vraiment à rien pour un non-Français, mais qui peut être une arme intéressante pour vous faire une place dans l'histoire de la criminalité kazakh. Le médecin légiste, appelé sur une scène de crime, se grattera longuement la tête sur ces blessures ressemblant à celles infligées à une ficelle pour préparer un sandwich.

Le couteau à viande électrique

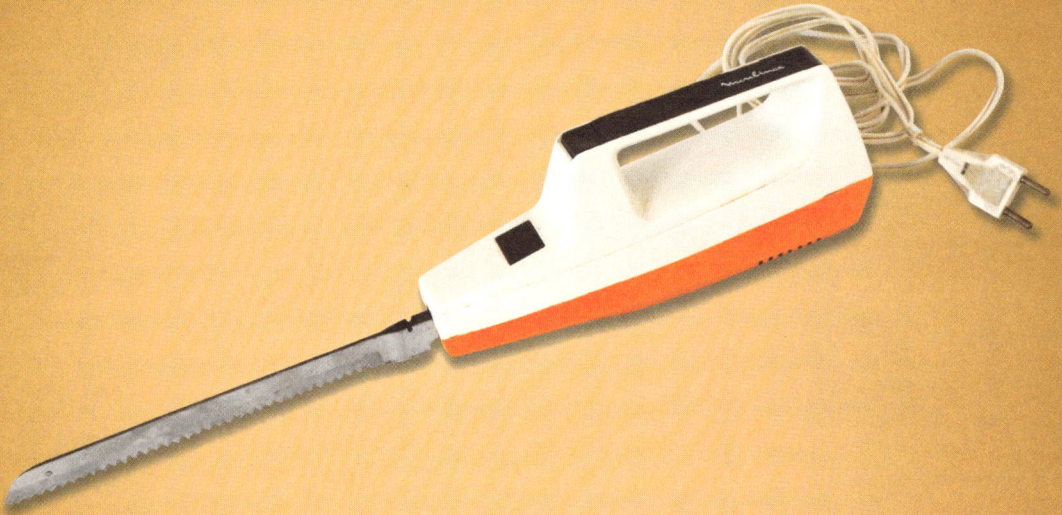

Avec « pied » ou « bidet », le mot « viande » fait partie des entités sonores à une ou deux syllabes et à forte charge comique. Je peux me faire rire en prononçant tout seul l'expression « Une belle viande » ou « Un plat à base de viande ». Mais il y a des pays où il faut savoir quitter ce petit ton, car la viande y est une religion. Je pense à cette destination très agréable, où les filles sont longues des jambes, les bars en enfilade, et où le mètre carré est à moins de mille euros : Buenos Aires. C'est l'un des lieux du monde où les couverts à poisson sont les plus inutiles, et la viande y est aussi essentielle au lien social que l'est la téléréalité sur la Côte d'Azur. Avoir un couteau à viande électrique de marque française, chez les gauchos, c'est prestige. C'est être capable de tailler dans le cœur d'aloyau, d'émincer un rosbif façon carpaccio, de dégraisser sans mal une épaule ou un jarret. Bref, c'est être un homme, pour porter la technologie domestique française au cœur du muscle, et exporter aux antipodes un regard – le nôtre – sur la viande.

Le couvre-siège à perles de bois

J'ai connu un type dont la vie a basculé avec l'achat d'un couvre-siège à perles de bois. Ce sympathique chauffeur de taxi qui souffrait d'alcoolisme (une maladie très répandue dans son milieu, et dont la cause pourrait être virale) était un multi-accidenté qui avait passé une bonne partie de sa vie en prison, notamment pour avoir, avec 3 grammes dans le sang, endommagé une vitrine d'un grand bijoutier de la place Vendôme. Ce pauvre bougre souffrait énormément du dos. Et ce sont les perles de bois de son couvre-siège de voiture, parfaitement espacées pour le masser discrètement, qui eurent raison de ses douleurs, contractées lors d'un carambolage survenu après un concours du plus grand buveur de bière. L'action apaisante des perles a également mis un terme à son addiction aux délicatesses de masseuses asiatiques peu scrupuleuses. Robert est un autre homme. Il est désormais chauffeur de bus à Téhéran, où son tapis de perles l'a rendu célèbre dans tout le bazar, et où il est certain de ne plus toucher une goutte d'alcool pour un bon bout de temps.

La cravate RATP

Arrivé à Hong-Kong pour y établir votre projet immobilier, vous vous trouverez propulsé par le succès, et entouré d'amies et de fêtards. Comblé, vous irez de fête en fête, et de lit en lit. Et puis – ce sera sourd, impalpable –, quelque chose vous manquera. En prenant le train, vous aurez un indice. Votre ticket à la main, vous attendrez qu'un moustachu corpulent à fort accent basque vous apostrophe pour vous demander votre « titre de transport ». Un psychologue, spécialiste des « expats » français, vous diagnostiquera facilement un « syndrome RATP ». La chaleur moite du corps du contrôleur, réveillé après une sieste à filet de bave dans le fond du wagon, le lustré de son pantalon gris, les épaules inégales de son veston trop grand, taché par une salade thon pesto... Tout ça vous manquera. Vous êtes français, que diable ! Les trains qui arrivent à l'heure, les employés polis et énergiques, ce n'est pas pour vous. Pour vous soigner dans ces moments tragiques, le traitement le moins encombrant sera de dormir avec une cravate RATP sous votre oreiller.

Les crayons Conté

« Elle vendait des cartes postales... » chantait Bourvil. Et tout le monde s'en foutait. C'est lorsqu'il ajoutait : « ... Et aussi des crayons » que le visage de chacun s'illuminait. Car critériums et crayons sont à notre pays ce que le nem est à la Chine et la ceinture d'explosifs à l'Irak moderne : une tradition de qualité et de précision, à l'image des crayons Conté, maison qui fêtera ses trois siècles en 2095 (je sais, c'est loin, mais ça fait quand même son petit effet). Leur innovation : la mine dure, qui révolutionna l'écriture et le dessin, et donc la poésie et le design. On peut d'ailleurs constater que ces disciplines régressent depuis que le marché est envahi de pseudo critériums rachitiques dont les mines cassent à la deuxième lettre écrite. Encore française et fabriquée chez nous, la gamme Conté orne à merveille la pochette de l'homme élégant, à la recherche d'un contrat à signer dans un pays en développement.

La culotte Petit Bateau

Étienne Valton, retenez ce nom : celui d'un grand oublié de l'Histoire qui a quand même inventé… la petite culotte. Pourquoi a-t-il fait ça à Troyes plutôt qu'ailleurs ? L'urgence de s'en sortir coûte que coûte ? Le climat ? Le besoin de s'aérer les parties intimes dans une société provinciale et renfermée ? Je l'ignore. Mais avant la mi-xixe, la culotte n'était portée que par l'homme ou, les jours de nettoyage des fenêtres, par les domestiques soucieuses de ne pas exposer leur chichi aux pulsions maniaques de leur maître. Et c'est en entendant son fils chanter *Maman, les p'tits bateaux…* qu'il lui vint, en 1918, l'idée de les nommer ainsi. Alors comment optimiser une lingerie Petit Bateau à l'étranger ? Il est évident que la marque n'a pas, en émergeant d'un jean taille basse, l'impact d'un string ou d'un Calvin Klein, même faux. Mais elle a l'histoire avec elle. Toutes ces peuplades aujourd'hui arrogantes portaient bas leurs testicules de sauvages à l'heure où Troyes montrait au monde que la France en avait, et savait où les ranger avec classe et dignité.

1931

INVITATION
DE MARINETTE
Je vous invite
jeudi pour
gouter ; on
s'amusera
N'OUBLIEZ PAS QUE
LA CULOTTE
PETIT BATEAU"
EST DE
RIGUEUR
BEATRICE
MALLET
"PETIT BATEAU"
DÉPOSÉ
Pour bien habiller Les Enfants
LA CULOTTE "PETIT BATEAU"
EST DE RIGUEUR

Sourire, c'est séduire...
sourire
c'est pouvoir découvrir
des dents magnifiques,
saines et belles.
l'**ÉMAIL DIAMANT**
le dentifrice rouge
de John **WALTON**
vous permettra d'obtenir
ce résultat.
Dès la première fois
vos dents deviendront
blanches et surtout
TRÈS BRILLANTES.

**S'UTILISE
SUR
UNE BROSSE
SECHE**

Absolument **NEUTRE**

EMAIL DIAMANT
DENTIFRICE ROUGE DE JOHN WALTON

Le dentifrice Émail Diamant

Curieusement, en 1890, alors que la dentition, quoique rarement complète, était déjà bel et bien inventée, personne n'avait pensé à la pâte dentifrice. En tout cas pas chez nous, puisque quelques médecins et colporteurs du Far West en vendaient déjà au porte (de saloon)-à-porte (de saloon). Peut-être le nez humain n'a-t-il servi pendant des millénaires qu'à trouver des truffes et des glands dans les bois ? En cette fin du XIXᵉ siècle, chantée par Baudelaire et Lautréamont pour sa liberté sexuelle, la mode de l'haleine fraîche se répand à la vitesse du spam nigérian, et les premiers bénéficiaires ont vraisemblablement scoré très haut dans le tableau du vice. Et c'est Émail Diamant, avec son toréro d'opérette – au passage fils des inventeurs, photographié dans son costume d'acteur du *Barbier de Séville* –, qui arracha la palme du marché naissant, et empocha les bénéfices de l'innovation. Plus d'un siècle plus tard, Émail Diamant tient toujours. Et André Barreau, chanteur lyrique à l'Opéra-Comique, est bien l'un des Français les plus emblématiques de tous les temps. Comme il aurait pu le chanter dans *Carmen* : « L'amour est enfant de bonne haleine. »

Le Doliprane

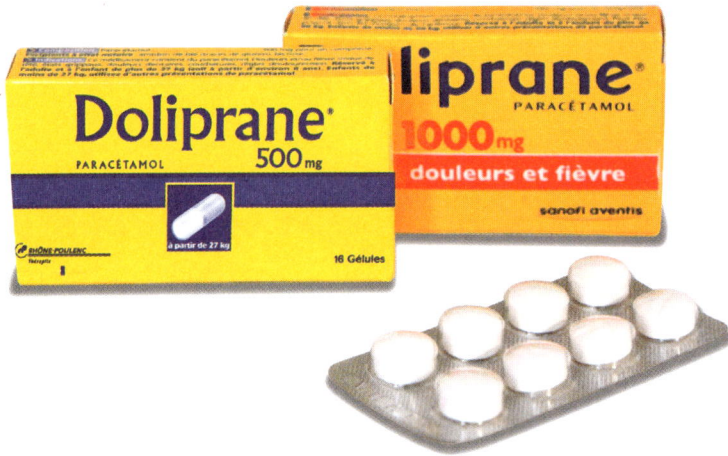

Le système économique français est une merveille de cohérence et de sophistication. Sciemment, quotidiennement, l'administration fiscale établit avec ses administrés une relation sadomasochiste dont le résultat est une épidémie de migraines. Le citoyen a alors recours à d'abondantes doses de Doliprane (et d'antidépresseurs), monoculture française remboursée par la Sécurité sociale, elle-même financée par... les recettes fiscales. La boucle est bouclée ! La voilà, la croissance à la française, que tous nous envient ! « CQFD », comme disent 80 % des commentateurs des articles de politique intérieure du Point.fr, eux-mêmes consommateurs de cette délicate molécule. La seule au monde à soigner strictement tout et tous, sans restriction ni distinction, sorte de couverture maladie portative. Le Doliprane est d'une telle efficacité que certains l'auraient même pris pour un placébo. J'aimerais pouvoir vous en citer un effet indésirable, du genre « Overdose de Doliprane à Saint-Tropez », « Les faux Doliprane venaient du Québec ! » ou encore « Sous l'effet du Doliprane, il mange la tête d'une vendeuse de H&M », mais rien de tel. Le Doliprane devrait figurer sur le drapeau de la France tant il ne fait aucune tache à la réputation du pays. Emmenez-le partout !

L'économe

Ne croyez pas que votre existence va changer du jour au lendemain, au prétexte que vous habitez la Namibie et non plus Palavas-les-Flots. Où que vous soyez, vous aurez à éplucher, équeuter, strier... Surtout dans ces pays où les côtes sont belles, la nature à couper le souffle, mais où le couple Angelina Jolie/Brad Pitt peut s'inviter à votre table à tout moment à la faveur d'une recherche d'enfant à adopter. Connaissez-vous alors beaucoup de gens de votre entourage qui vos conseilleraient de vous fier à un couteau-éplu-cheur namibien, alors que deux des plus grandes stars de tous les temps vont mettre les pieds sous votre table ? Non ? C'est bien ce que je pensais. L'indépendance de la Namibie ne s'est hélas pas accompagnée d'un bond dans le domaine des technologies d'épluchage, et c'est à vous de prendre vos pré-cautions. Apportez-leur notre ingénierie, et soyez vénéré à l'égal d'un dieu.

Les espadrilles

Tout vrai amateur d'élégance prend sur lui d'habiter dans un pays froid. Et l'espadrille en est l'illustration. Tout en corde irritante et en tissu rêche, elle est encore l'une de ces arnaques méridionales avec historique remontant au XIVᵉ siècle, apparence de fausse décontraction et fonctionnalité douteuse. Car enfin, ces sandales très « On est chez nous ! », vendues comme « pyrénéennes », sont ce qui se fait de plus improbable en milieu montagneux. Surtout le modèle avec lanières vous remontant le long de la cheville. De plus, leurs semelles sont sans doute le meilleur logement social jamais inventé pour les mycoses et autres champignons. Mais comme beaucoup de grandes inventions hexagonales, l'espadrille n'est rien sans sa caution alcoolique, garante de sa francité : ainsi, sur l'hippodrome de Chandrigar, où vous parierez vos dernières roupies sur une course de lévriers, il sera de bon ton d'avoir l'espadrille sautillante avec « son » ballon de rosé ou « sa » gourde d'Izarra. Évidemment, pour plus d'effet, mon petit conseil est de les porter fièrement... mais en vous déplaçant sur échasses.

La girafe Sophie

La Haute-Savoie est un beau royaume où le grand air convient parfaitement à ceux qui ont un cou assez long pour le humer. C'est pour cette raison que Sophie la Girafe y a élu domicile. Cinquante-trois ans plus tard, ce ruminant de caoutchouc est encore fabriqué à Rumilly, Haute-Savoie. En Russie, où vous vous installerez peut-être bientôt, ayez toujours une carte postale de Rumilly sur vous. Et, à l'occasion, sortez-la pour proposer à un top model kazakh d'aller faire un bébé dans un jardin public tout proche (l'été seulement). Si une réaction enthousiaste à cette proposition se fait attendre, racontez comment le goût de la peinture alimentaire de Sophie la couineuse fut associé à l'émergence de vos premières dents, et alors (si elles sont superbes seulement) montrez-les. Âgée aujourd'hui de 53 ans, Sophie (élue jouet de l'année par les Américains en 2009) serait même pour certains la première girafe du monde, l'originale, celle sur laquelle les Africains ont pris modèle pour leurs girafes de chair et de poil, une grossière manipulation génétique en vue de fournir des monstres aux zoos du monde entier.

Le gorgeoir

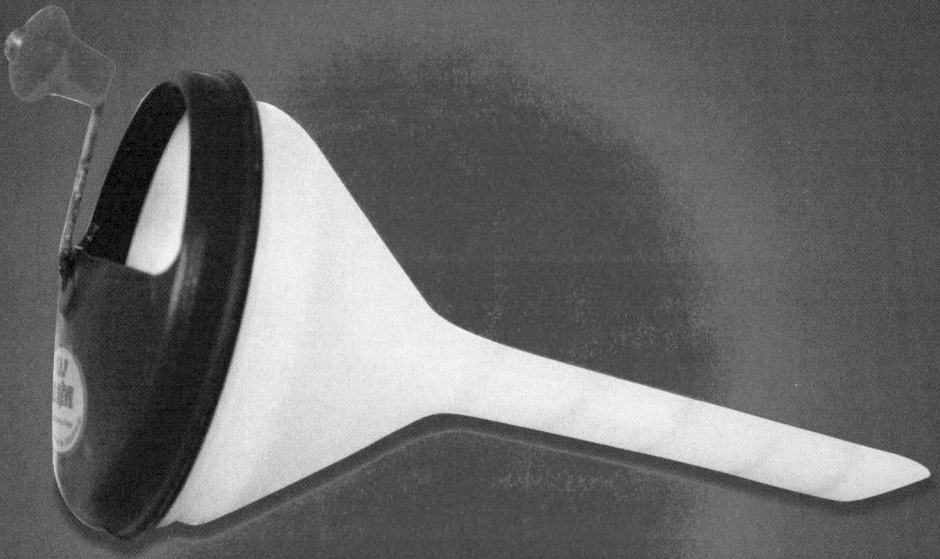

Dans la plupart des pays dits « en développement », les oies sont sous-alimentées, entendez : « elles ont un foie comme vous et moi (à ceci près qu'elles l'arrosent rarement de whisky japonais ou d'absinthe verte) ». Un gorgeoir, sorte d'entonnoir/broyeur dont le long tuyau vertical est fait pour forcer la volaille à bouffer du maïs par les viscères, n'est pas un objet ordinaire. C'est un choix de vie. Le choix de penser à autre chose pendant qu'on fait souffrir un animal. C'est viril. Les Français, qui ne feraient pas de mal à un chihuahua et n'apprécient pas moins les LOLcats que le reste du monde, aiment. À croire que leur commisération ne s'étend pas à l'oie, ou au canard. Je crois qu'une telle cruauté peut vous valoir du respect, dans certaines contrées. « C'est le Français », dira-t-on en vous voyant passer, votre gorgeoir à la main, aussi menaçant que Joss Randall, colt au flanc. L'objet peut par ailleurs servir à nourrir un invité paresseux lors de vos dîners mondains.

La graisse à traire

Personne n'aime la graisse lorsqu'elle vient déborder d'une hanche, maladroitement retenue par un pantalon taille basse. Mais tout le monde la réclame lorsqu'elle permet de lubrifier une chaîne de vélo, hydrater un visage ou faciliter un fist-fucking. Comme le disait une très bonne amie, au sortir d'une liposuccion épique : « On la préfère dans le bocal que dans le menton ! » Et c'est souvent ainsi que se présente la graisse à traire, typique d'une culture où la vache a droit à des égards, des préliminaires avant la traite. Un peu comme si l'on passait la toison des moutons au gel coiffant avant de les tondre. Le fait qu'en soi la peau de madame ne présente pas de vraie différence avec la texture d'un pis de vache offre un avantage certain : en mutualisant leurs produits de beauté, vache et femme élégante se croisent pour partager qui un meuglement, qui une plainte sur le fait de n'avoir rien à se mettre. Il est même arrivé, racontent les anciens, que des femmes de la bonne société normande allaient des vaches en galère d'herbe et réciproquement. Bel exemple de vivre-ensemble à la française, quoique l'invention en revienne au Suisse Adolphe Panchaud.

Le gratte-langue

Nous avons tous déjà surpris, assis à la terrasse d'un café parisien ou provincial, une conversation passionnée à la table voisine : « Tu comprends, je ne sais comment sortir de ce problème de langue chargée… » « Tu as déjà pensé à la scientologie ? ». L'impasse dans laquelle se trouvent certains de nos concitoyens face à l'accumulation de résidus de gorgonzola sur la paroi linguale peut facilement arracher des larmes, ou pousser nombre de nos contemporains dans les bras des sectes. Quelle injustice ! Telle personne a une langue impeccable alors qu'elle vient de s'enfiler un plat de tripes frites accompagnées de socca, pendant que son voisin se retrouve avec l'équivalent d'un camion cinq tonnes stationné sur sa langue, à l'entrée du gosier, pour une mesclun/quinoa. Haleine, élocution, aspect général, les conséquences sont tragiques. Pourtant le gratte-langue, inventé au XVIIIe siècle par le sieur Lécluse, dentiste, est là, partie intégrante de notre patrimoine. Alors ne partez pas sans lui. Sachez que dans certains pays en développement, comme la Libye où l'on consomme encore beaucoup de graisse de mouton et de polenta, un gratte-langue peut vous sauver la vie. Mais attention : chacun le sien !

Le guide Michelin

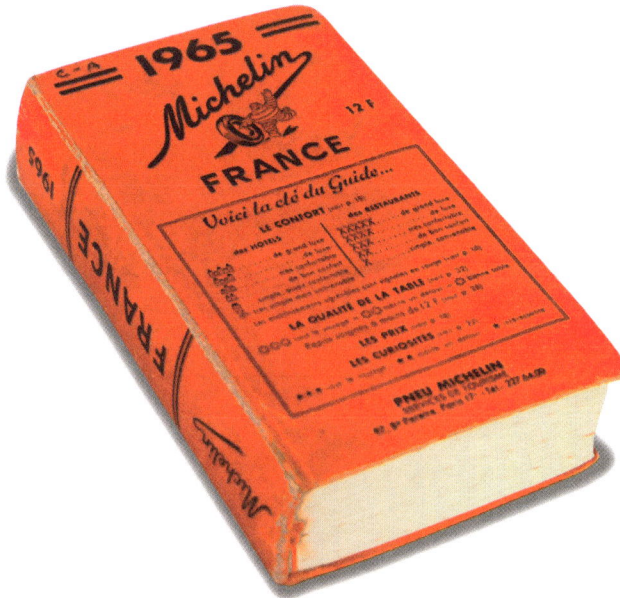

Se tromper, ne serait-ce qu'une fois, de restaurant dans sa vie, c'est, pour un Français, bien pire que de n'avoir jamais fait jouir son épouse. Le déshonneur, le déclassement. Aller dans une auberge où le poireau n'est pas blanchi correctement, et où le sommelier ignore quel vin prendre avec une raie au beurre blanc, c'est déterrer les cadavres d'Escoffier et de Curnonsky pour les violer sur *Highway to Hell* d'AC/DC. Tout comme les Français affirment préférer Arte mais regardent « Les Ch'tis à Hollywood », tout un chacun se suffit de sandwichs caoutchouteux mais mourrait plutôt que d'avouer une infidélité à la haute gastronomie de son pays. Et cette hypocrisie a son manuel : le guide Michelin. Le Français s'y confie aveuglément, le discute et commente longuement, arguë sur la méthode de déglaçage au champagne de tel chef, ou le cépage dénaturé par tel vigneron, invariablement anglo-saxon... avant d'aller avaler un faux confit, sous-vide/micro-ondé, baignant dans un « jus » standard. C'est ce qu'on appelle le « terroir-caisse », grand secret de l'identité française, à ne surtout pas divulguer à l'étranger.

La guillotine à saucisson

Il y a quelques années, à la faveur d'une courbe de chômage impossible à inverser, le mot « apéro » (dont on conviendra qu'il n'est pas le plus élégant du monde) a fait son retour dans le vocabulaire des classes moyennes. Et donc, tout ce qui y a trait s'est magiquement retrouvé glorifié comme une expression culturelle, celle de « l'apéro », sanctissime moment « convivial » dont tous les accessoires sentent le retour du bon-vivre-ensemble. Je viens de lire les quelques lignes précédentes à une amie qui s'est écrié « Mon cul ! ». Bon. Tout ça pour dire qu'une guillotine à saucisson n'est pas un accessoire de goinfre épaissi par le rosé, mais un témoignage de ce goût français pour un temps de qualité, où l'on pratique l'art de la conversation en mâchonnant un morceau de porc mort. Un détail : si on trouve ce truc chez vous, en Arabie Saoudite, on vous guillotinera avec.

Le Harcourt de Baccarat

Baccarat, ou la maison française trop parfaite. Tout ce qu'ils font est splendide, audacieux, moderne, désirable. Est-ce qu'ils font travailler des troupes d'affamés sous-payés dans la chaleur pour arriver à leurs fins ? Non. Et pour cause, leur nom est celui d'une localité de Moselle où l'on vit, mange, dort et meurt Baccarat. Délocaliser serait folie. Ce serait comme de reprendre tel quel le restaurant « Chez Antoine » alors qu'on s'appelle Jean-Patrick (ce qui n'est pas de chance). Alors, une conclusion s'impose : la France se porterait encore très bien si toutes ses entreprises étaient, comme Baccarat, familiales, innovantes, nobles et discrètes. Et vous n'auriez donc pas à la quitter. Emportez-en un souvenir dans votre errance.

Le jeu de belote

Si vraiment, comme le prétendent certains auteurs folkloriques, la belote est au cœur de l'identité méridionale, vous devez, en fuyant la crise, choisir un pays où il lui reste du prestige. Un pays où l'on prend au sérieux le fait de « pisser à l'atout ». On m'informe que Moldavie, Corée du Nord, Bulgarie et Arabie Saoudite sont terres de belote. Comment ne pas en déduire que la belote n'est pas qu'un jeu mais aussi un choix de vie ? La belote, quasi universelle, c'est la liberté de choisir entre la prison marxiste, l'islamisme rigoureux et les mafias proxénètes. 32 cartes, et finalement, à y réfléchir, pas tant de possibilités que ça.

La Jouvence
de l'abbé Soury

Quoi qu'en disent certains, la France est fille aînée de l'Église, et j'en veux pour preuve non pas le taux de remplissage des églises mais les chiffres, encore impressionnants, des ventes de « Jouvence de l'abbé Soury ». Deux millions par an aux dernières nouvelles ! Et l'on raille Christine Boutin ! L'abbé, proche du Seigneur, n'a eu de cesse jusqu'à son dernier souffle de lutter contre les jambes lourdes et les varices. Et depuis le XVIIIe siècle, sa réussite ne se dément pas. Car d'abord « *underground* » et réservée à quelques copines religieuses, la Jouvence, qui circulait à plus grande échelle depuis un siècle déjà, a connu dans les années 50 un boom grâce à l'Agence nationale de sécurité du médicament qui en a autorisé la vente au grand public. Ce qui n'est pas forcément le cas dans des pays certes riches, mais encore au stade primitif de leur industrie pharmaceutique. Comme le Kazakhstan, où je vois bien pour vous une très belle carrière de dealer de Jouvence de l'abbé Soury.

T

"UNE CURE DE JOUVENCE, ÇA

DONNE DES AILES".

Les jambes lourdes, les chevilles douloureuses, les sensations permanentes de fatigue, voilà des petits maux qui empoisonnent la vie et peuvent finir par la rendre pesante à bon nombre de femmes ou d'hommes quel que soit leur âge.

L'une des causes est peut-être simplement une mauvaise circulation du sang.

Dans la Jouvence de l'Abbé Soury il y a onze plantes choisies pour améliorer cette circulation.

Faire une cure de Jouvence, c'est faire une cure de légèreté.

Avec la Jouvence, le sang circule mieux et on retrouve ses jambes, on se sent plus alerte, plus léger...

Deux présentations : solution et comprimés.

Vente en pharmacie : France, Suisse et Belgique.

JOUVENCE DE L'ABBÉ SOURY.

Découvrez les bienfaits d'une bonne circulation du sang.

Le K-Way

Vivre en France, c'est vivre environné de Duhamel. Fort de maints relais médiatiques, le complot des Duhamel est redoutablement organisé. Essayer de comprendre quelque chose à la politique française sans un Duhamel (Alain, Olivier, Patrice... et j'en passe) est impossible. Les Duhamel savent tout, ils sont partout. Un Duhamel dissident, un fou, un poète, avait, comme Martin Luther King, « un rêve » : Léon Duhamel, que tout destinait à la chronique politique, a changé son destin. Il voulut que les Français regardent leur ciel, d'où tombe la pluie 362 jours par an, avec un regard de défi. « Je t'ai vaincue, la pluie, salope »... grâce au K-Way, imperméable de poche, toujours chic et étanche, l'ami du scout, du guide du Mont-Saint-Michel, du vieux garçon fan de cyclotourisme. Roulé en boule, le K-Way faisait aussi une belle banane que, pour une raison inconnue, les personnes corpulentes adoraient arborer. Léon passa, et ce furent ses enfants, Léon-Claude et Jacotte, qui poursuivirent son œuvre d'alter-duhamelisme.

Les Kapla

L'habitude de prendre les enfants pour des êtres intelligents - ce qui, en soi, ne crève pas les yeux - est plutôt récente. Le temps n'est pas loin où l'on trouvera révoltant de chanter aux enfants : « À dada sur mon bidet, quand il trotte il fait des pets », et où votre voisin, collant l'oreille à la paroi, pourra vous dénoncer sur un numéro spécial pour « parentalité indigne », « contre-éducation », « rabaissement de l'enfant », « abus » et que sais-je encore... Vous devez vous préparer, vous qui partez aux USA, pays du politiquement correct, à montrer l'image d'une famille où l'enfant est traité à l'égal d'un Nobel de physique, et ce dès ses premiers borborygmes. Le jeu Kapla, jeu d'invention franco-batave tout en bois de pin des Landes, a tout pour faire face aux temps qui viennent, temps où les avocats de vos enfants vous réduiront en bouillie et la leur donneront à manger. Simple mais plein de notions initiant aux mathématiques, libre de toute matière plastique et redoutablement formateur pour ceux qui se destinent aux métiers d'architecture, il est la preuve éclatante que vous prenez l'éducation au sérieux.

La lampe Berger

Colette aimait beaucoup la lampe Berger. Hélas, il s'agit de l'écrivain à l'hygiène douteuse et aux chats scrofuleux, et non du magasin ultra-chébran de la rue Saint-Honoré. C'est que la lampe Berger, lampe désodorisante à combustion catalytique, existe certes depuis un siècle, mais semble bien marquer le pas en matière de tendances. Il faut remonter au temps où Edgar Faure jouait au cerceau pour trouver un magazine de mode ou de décoration lui consacrant un article. La raison : les ruineuses et inutiles bougies parfumées. Aussi chichiteuses que Lana Del Rey et plus chères qu'un divorce avec Tatiana la Kazakh mythomane, elles ont envahi le marché du pseudo-chic domestique avec leurs appellations : « Hysope et mûres fraîches de Boston » ou « Encens sublime et sauvage », préparant ainsi, dans les recoins les plus hipsters de Brooklyn, un marché pour la Berger et ses fumigations désuètes.

Le lapin Nabaztag

Le lapin dit « Nabaztag » mesure 16 cm. C'est pourquoi une personne distraite pourrait le prendre pour un pénis en érection. Alors même qu'un détail essentiel l'en distingue : deux oreilles de 9 cm. Le seul humain correspondant à la description « pénis avec des oreilles » restant un fameux animateur de France Télévisions, on est bien conforté dans l'idée que Nabaztag est un lapin. Mais un lapin « interactif », qui se connecte à Internet. Non pas pour y commander des carottes ou y consulter le blog « L'écho des terriers », mais pour vous lire à haute voix votre mail, la Bourse ou la météo. Bien qu'il soit techniquement désormais daté, ce lapin peut vous servir de confident à l'étranger, et faire croire à vos visiteurs que vous avez des investissements à suivre, grâce à des connections « worlwide ». J'ai un ami qui a ainsi obtenu un délai pour le règlement d'une ardoise dans un bar de Mexico.

Les Larousse, Bled et Bescherelle

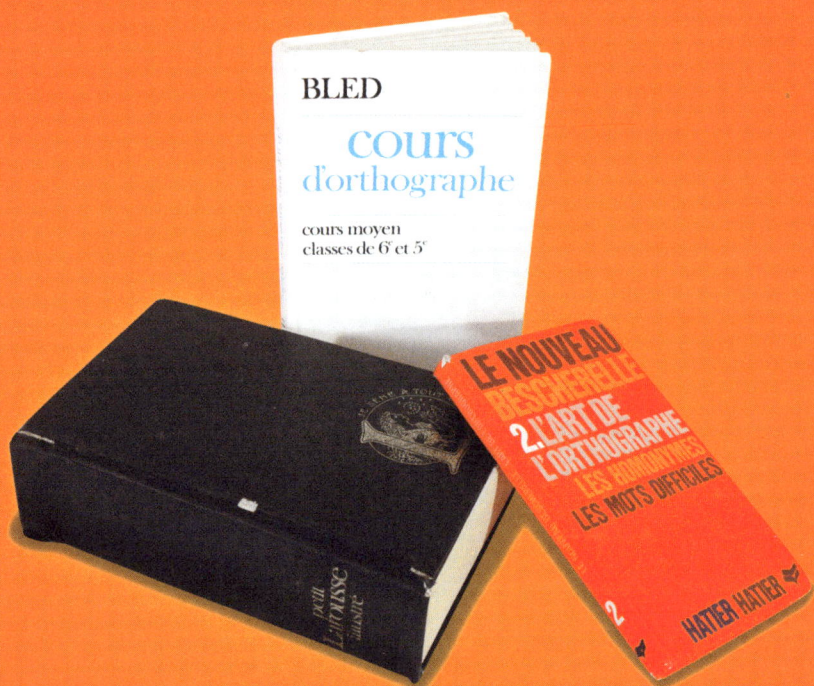

Je vous en supplie. Quel que soit le pays que vous choisirez dans les années à venir, ne dites pas la vérité : ne parlez pas de cette France où les fautes d'orthographe ne sont même plus corrigées dans les journaux, où les gens vont *sur* Paris, « à la base » sont « dans la coiffure », et sortent avec le frère *à* Thierry. Ce pays où les parents découvrent dans le bulletin de 5e de leur fille qu'elle doit « travailler avec plus d'hardeur », où l'on dit des poètes qu'ils sont des « losers » et des scientifiques des « preneurs de tête ». Ne dites pas que le Président ne lit plus vraiment le journal, et qu'il est de plus en plus difficile de trouver quelqu'un qui n'ait ni l'accent des cités ni celui dit « du Sud » (et qui est plutôt celui des téléréalités et de la Bac des quartiers Nord). Faites comme si le Larousse, le Bled et le Bescherelle étaient encore des objets pertinents dans une France où la langue est encore garante du lien social.

Le lion du Tour de France

Il faut que les Islandais comprennent bien un truc : ils ont peut-être inventé un socialisme à visage humain, mais faire le tour de son propre pays à vélo, c'est nous. Les Espagnols, les Italiens, les Colombiens sont sympathiques, mais plutôt copieurs. D'où le lion du Tour de France (qui, au passage, fait de la pub à une banque de chez nous, on connaît les résultats des banques de Reykjavik…) qu'il sera bon de porter en T-shirt, en pin's, en sautoir, en boucle d'oreille… Un tel lion ne s'acquiert pas n'importe où ; il est le prix d'une victoire d'étape. Avoir cette peluche signifie tellement pour des gens comme Froome, Riis et autres sauvages venus bouffer notre bitume. L'Australien Cadel Evans fétichait la sienne, la cajolait. Ne visitez pas les glaciers sans sa protection.

Le loto

Vous n'êtes pas obligés de vous exiler dans un pays riche. Vous pouvez choisir d'aller prendre l'argent des pauvres en Afrique. Une vieille recette bien française, dans ces régions comme le Gabon, consiste à proposer des jeux d'argent, et de l'alcool à prix coûtant. Effet levier immédiat. Et si j'étais face à vous, je vous ferais volontiers le geste du bandit manchot, crachant son jackpot. Mais n'allez pas sur les plates-bandes des insulaires déjà établis dans les grandes villes. Prenez les routes de campagne et établissez le casino le moins cher du monde, loin de Libreville, entre mygales et poissons-chats. C'est le seul usage cohérent que vous pourrez faire du jeu du loto, qui a quand même pris un sacré coup de vieux.

Le maillot de l'équipe de France

Comment ne pas être admiratif devant la passion la plus lucrative de notre époque ? Voyez plutôt : 65 euros pour un morceau de tissu synthétique, à la gloire de onze bourriques milliardaires qui se foutent de votre gueule dans leur bus et ne vous saluent que si le coach le leur a demandé via leur avocat. Ces maillots, qui pourraient vous faire passer auprès des femmes pour un pathétique « No Life » ou, si vous êtes une femme, vous mettre définitivement à l'abri des ardeurs des hommes, sont ce que le marketing a inventé de plus implacable pour prendre l'argent dans la poche de l'hominidé moyen. Mais il n'en va pas de même à l'étranger où votre exemplaire sera un modèle, dont la duplication peut vous rapporter de coquettes sommes. La Turquie, pays d'avenir, vous attend, avec ses batteries de machines à coudre et ses délicates mains de femmes opprimées avant, pendant et après leur mariage de force à un cousin proche. Mais ça, ce n'est pas votre affaire. Le pays des belles consciences et des débats d'idées, vous l'avez laissé derrière vous !

Malabar et Carambar

Une blague Carambar dite en mâchonnant un Malabar, voilà bien cet esprit français, descendant de Montaigne et La Rochefoucauld, que l'on nous envie partout. Voyons l'hybride inverse : un tatouage Malabar et le dentier collé par un Carambar ? Non, merci. Toujours est-il que le caramel français a une réputation telle que Carambar, la marque créée à Marcq-en-Barœul, est désormais la propriété d'Américains. Malabar, chewing-gum sponsor du club de rugby du Stade Français, appartient bien aux mêmes, les gourmands Mondelez, issus de Kraft Foods. Mais qu'importe, un parfum entêtant de francité leur colle au papier, et je viens de vérifier que dans 23 kilos de bagages, vous pouvez stocker 2 300 Carambar. Avec un peu d'ingéniosité, il ne vous sera pas difficile, en Bolivie, de les fondre pour en faire des caramels à l'authentique beurre salé de Plougastel, revendables facilement à des nouveaux riches dix fois le prix... Et hop ! À vous les pesos et le début de la fortune.

93

La maquette d'Airbus

La vraie porte de la France n'est ni à Orly ni à Roissy mais bien au Bourget et à Blagnac. Ces deux aéroports, l'un parce qu'il en accueille le salon, l'autre parce qu'il est proche du siège d'Airbus Industrie, sont le témoignage de cette industrie française qui ne se rend pas, jamais : l'aéronautique. Quand les jeux de hasard auront disparu du Gabon, quand nous n'aurons plus d'armes à vendre à Karachi, et quand le dernier Flunch sera dynamité, il y aura encore des avions français, des avions civils ou militaires, pour la vente desquels nos présidents repasseraient eux-mêmes leurs chemises dans un hôtel pourri de Luang Prabang. Passion avion, nous avons l'aéronautique dans le sang : la lettre A suivie des chiffres 320, 330 ou 380 peut soulever tous nos poils dans un frisson érotique digne des plus grands Marc Dorcel. Alors, avoir une maquette d'Airbus dans son salon, ce n'est pas meubler le vide d'une existence de retraité low-cost en Tunisie, c'est tout simplement être français.

Le marcel

On a tendance à croire que le T-shirt est supérieur au marcel, beaucoup moins ringard, plus dans la coolitude anglo-saxonne de notre époque… On se trompe : le ras-de-cou comme le marcel (qui pourrait être proustien, vu son nom) sont toutes deux des mauvaises variantes d'une même idée : celle du maillot de corps sous la chemise. Le Français « tradi » ne porte pas la chemise à même la peau. Cet hominidé pseudo-civilisé ne peut pas s'empêcher de porter quelque chose dessous, de peur qu'une fluxion de poitrine ne l'emporte sans prévenir. Or le marcel présente au moins l'avantage de laisser le cou nu, ce qui est quand même nettement moins disgracieux. La vision d'un septuagénaire col de chemise ouvert sur un « tricot de peau » par 34 degrés sur la promenade des Anglais est encore assez fréquente, et regrettable. Alors, même si le T-shirt évoque James Dean et le marcel le torse gras et velu de Raimu dans *La Femme du boulanger*, ce dernier limite les dégâts en matière d'inélégance. En plus, il est idéal pour vous fondre dans la masse de vos camarades bangladais sur les chantiers du Qatar.

La marinière

Qu'ajouter aux discours vibrants de l'ex-ministre du Redressement productif sur cet emblème zébré du scoutisme marin et de la catholicité française, sur ce défi du « *Made in France* » à la médiocrité indo-bengladaise et à l'impérialisme esthétique du Sentier chinois ? Rien, sinon qu'il peut être un accessoire pour se faire passer pour un autre et faire de belles affaires. Un discount de 20 % sur une location de scooter ? Marinière, mèche sur l'œil... Hey presto, je suis Étienne Daho ! Acheter un rouleau de Lycra à vil prix pour le revendre ? Marinière, brosse peroxydée, sourire... Coucou, je suis Jean-Paul Gaultier, vous me faites combien ? Vous me suivez ? Tout le monde n'a pas Google, et on n'imagine pas les résultats qu'on peut obtenir avec une marinière et une bonne coupe de cheveux. Un ami, blond comme l'ex-manager de Laure Manaudou, me racontait l'autre jour qu'avec un bonnet et une bague en toc, il avait réussi à rentrer en boîte en tant que Snoop Doggy Dogg.

La Méduse

Ah, le chapitre des vieilles groles pour retraités *Made in France*, avec une usine qui ne veut pas fermer au fin fond de la Drôme ou de la Savoie, et sur laquelle un jeune créateur se penche pour réveiller « la Belle Endormie » ! On nous a fait le coup avec l'espadrille, la Riviera, et d'autres avant. Et voilà qu'un célèbre magazine féminin, de ceux qui prennent la femme pour une décoration autour d'un tampon hygiénique, nous assène le coup de grâce : « La sandale en plastique, sandale de l'été ? » Oui, la sandale Méduse, avec des coloris *sympa*, des déclinaisons *sympa*, et un prix *sympa*. Là encore, jeune exilé économique, ne te prive pas de la faire fabriquer au pays de Ceauşescu, et approprie-toi ce modèle traditionnel pour en vendre des pelletées quinze fois le prix au Colette de Reykjavik, avec une histoire du genre : « Mon père les a tellement portées qu'on l'a enterré avec. »

Les moulins
Peugeot

À première vue, la découverte de moulins à sel, à poivre ou à café portant des noms de bagnole peut donner envie de chercher la caméra cachée. Mais à y bien réfléchir, tout ça est cohérent : qui dit « sel » dit « nourriture » donc « carburant » et qui dit « carburant » dit « bagnole ». Alors soyez malin : faites bon usage du regard émerveillé de vos contemporains quand la salière Peugeot donnera non seulement le sel, mais aussi la lumière, comme un hélico du LAPD planant sur un gang bang dans une banlieue de Compton, la nuit. Parlez alors de la vraie passion française : la passion des moteurs. Celle de votre père, qui aimait autant saler ses lentilles que lire l'*Auto-Journal* chaque semaine. Et faites passer l'idée qu'à la vue de cette salière, tout homme malin devrait courir chez le plus proche concessionnaire pour y faire l'acquisition d'une 207.

papa a sa Peugeot
maman a ses Peugeot

COMBINÉ FAMILIAL : F 93
Hache - râpe - émince
presse les fruits - etc.

Offrez-vous
des appareils électro-ménagers de qualité

la qualité est une tradition

PEUGEOT
FRÈRES

PEUGEOT, LA QUALITÉ QU'ON NE DISCUTE PAS

SALON DES ARTS MÉNAGERS, Niveau 3 · Allées L et M · Stands nº 16 et 18

RL Dupuy - PEU. 004

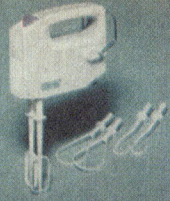

Batteur CHANTILLY F 31,90
Supplément pour bi-tension : F 2,50

Moulins à café : de F 21,50 à F 29,90
Supplément pour bi-tension : F 1,50

Robot électro-culinaire
PEUGIMIX : F 350
6 appareils adaptables en supplément.

Fer à repasser automatique
mono-tension : F 49,90
bi-tension : F 53,80

Brosse-lustreuse NORLY : F 42,80
pour meubles, glaces, chaussures, etc.

Le N°5
de Chanel

J'ai passé une demi-heure de ma vie dans un tailleur Chanel pour un cocktail (alors que j'étais soigné pour bipolarité) et j'ai épousé la cause des femmes rompues à cet exercice qui vous confère instantanément du chic, de l'élégance. Je pense notamment aux Asiatiques qui vendraient parfois un enfant pour porter ce grand classique français par 38 °C à l'ombre. C'est bien connu : Coco Chanel a libéré la femme ! Oui, cette petite femme maigrelette, au regard plutôt méchant, a libéré votre arrière-grand-mère du corset pour la mettre dans du lainage. Pratique, quand on est à l'étranger, de dire qu'on vient de sa part ! Particulièrement en Hongrie, Grèce, Italie du Nord, enfin tous les pays où les années 40 n'ont pas laissé que de mauvais souvenirs... Ailleurs, préférez la référence à Marilyn. Car la magie de Chanel, c'est aussi le N° 5, ce parfum mythique créé en 1921 par Ernest Beaux, véritable emblème du *lifestyle* parisien. Pourtant peu connue pour ses racines franciliennes, l'icône hollywoodienne déclara lors d'une conférence de presse s'en servir comme pyjama. Il doit bien rester quelques coins paumés où cette phrase pourra vous servir de « pick-up line ».

L'Opinel

Un cri déchirant résonna dans la jungle indonésienne, et puis plus rien. Le couteau était rentré et ressorti de la cage thoracique du braconnier sans faire de bruit, dans une gestuelle fluide. L'homme, qui tentait d'enlever un bébé orang-outan, eut juste le temps d'entendre ces mots prononcés avec un fort accent d'Aix-en-Provence : « Tieng, c'est de la part de Brigitte Bardot », avant de s'écrouler. Le couteau Opinel avait parfaitement fait son office. Pommes de terre, courrier, corde de pendu ou homicide en self-défense, l'Opinel offre un rapport efficacité/prix exceptionnel. Et reste indispensable à l'aventurier français dans le vaste monde, tout comme au scout attardé ou au criminel aguerri. C'est un classique de la survie, qui met partout le Français en haut de la chaîne alimentaire.

L'ouvre-boîtes électrique

Le problème de l'ouvre-boîtes électrique, c'est qu'il faut avoir l'électricité. Ce qui n'est pas forcément évident quand on est à l'étranger, et qu'on est parti à l'aventure pour oublier le pays de William Saurin et Géant Vert. Sans courant, un ouvre-boîtes est plutôt un handicap, encombrant, peu seyant... Un autre cas de figure est la coupure de courant, fréquente dans 70 % de la planète, et qui peut se produire précisément en plein milieu de l'ouverture de votre dernière boîte. Une boîte ouverte au quart est une cause d'énervement, dont les conséquences accidentelles peuvent aller jusqu'à la perte d'un doigt. Et ce serait tellement bête de mourir de faim, en plein Panama City, pour une cause aussi futile. C'est la raison pour laquelle je vous recommande d'emporter dans votre exil un ouvre-boîtes mécanique, même si c'est en France et en 1931 que fut inventé l'ouvre-boîtes électrique (marquez-le quelque part, c'est un renseignement important).

Le papier Canson

Quand vous tenez une feuille de Canson dans votre main, dites-vous que ce qu'il y avait avant elle, c'était le parchemin. Ni plus ni moins. XIIe siècle, Montgolfier, les croisades, Damas, le secret du papier… OK ? Ça a un petit peu plus de bouteille que Lady Gaga et Victoria's Secret. Le papier Canson, c'est l'histoire de l'union de deux familles, les Chelles et les Montgolfier (d'où la montgolfière sur le logo). OK, je wikipédie, mais l'histoire du capitalisme n'a pas commencé chez nous avec Bernard Tapie et le Minitel rose. Si ces gars-là avaient vu à court terme, comme la plupart des managers du CAC 40 pressés de toucher leurs indemnités de départ pour prix de leur échec, Ingres et Picasso n'auraient pas su sur quoi faire leurs dessins. Les produits Canson sont les seuls à passer de 0,80 euros à 24 millions de dollars avec juste quelques traits couchés dessus. Ça, c'est de la plus-value.

Le papier d'Arménie

L'Arménie, au cœur des troubles du Caucase, est un endroit peu recommandable où il faut toujours avoir ses papiers sur soi. Mais ce n'est pas le problème. Dans mon ouvrage, œuvre d'une vie, *Papier d'Arménie, qui es-tu ?* (jamais publié), j'interpelle franchement le papier d'Arménie en ces termes : « Qu'est-ce que tu fous là ? Et depuis si longtemps ? » À quoi j'ajoute : « En plus, si t'étais arménien, ça se saurait. Or là-bas, personne te connaît ». Ces questions dérangeantes sont restées lettres mortes, car ce papier, malin mais peu courageux, a pour habitude de prendre feu lorsqu'il est gêné. En dégageant une odeur qui dissuade tout poursuivant. Comme pas mal de produits français, le papier d'Arménie n'a pas pris la peine de se moderniser, ne changeant ni sa formule (à base de benjoin) ni son aspect (celui d'un carnet de tombola pour nains). En ces temps de disette, ne serait-il pas astucieux d'essayer de lancer notre papier d'Arménie en Arménie, où la culture de la grenade et du cédrat ont élevé subitement le niveau de vie ?

Le paquet de Gauloises

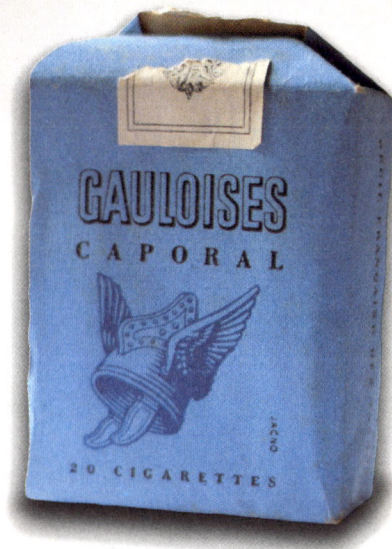

Pour l'ouvrier français, avoir un paquet de Gauloises plein dans la poche, c'était être autonome pour trois heures. À la Belle Époque, le fumeur « modéré » de brunes tournait à trois paquets/jour. Son père, entre deux quintes d'une belle toux grasse, avait juste le temps de les traiter de tarlouzes, lui et les crapoteurs efféminés de sa foutue époque. Quitter le pays sans elles, ce serait comme repartir de Saint-Tropez sans MST : une hérésie. J'ai personnellement vu et fréquenté ces hommes, autrefois surnommés « Fraises Tagada » pour la teinte de leur tarin, ces mâles gorgés de tanins et de nicotine ; leurs doigts avaient la couleur des sables de la Casbah qu'ils avaient perdue, ou d'un bo bun fatal dans les rues de Diên Biên Phu. Et de leur lippe pendait non pas une Gauloise, mais un mégot dont la seule fonction était d'allumer la Gauloise suivante. Je crois que c'est avec leur disparition que notre beau pays a commencé à s'appauvrir.

Le parasol

Quoique encombrant, le parasol n'est après tout qu'une bonne grosse ombrelle que l'on peut trouver partout dans le monde. Pourquoi alors l'emmener, au détriment de votre femme ou d'un de vos enfants, si vous êtes déjà chargé ? Cet objet hors format, qui peut passer pour une arme, peut aussi vous valoir des heures d'interrogatoire au départ de l'aéroport. Dites que les meilleurs parasols, les Dess, viennent de France où l'entreprise est la dernière à les fabriquer, pour une clientèle de luxe (palaces, plages privées, gros pourris de riches...). C'est d'ailleurs chez nous que le parasol comme objet domestique s'est épanoui et perfectionné. Il vous est donc essentiel d'avoir, où que vous soyez, un parasol de qualité française, dont certains filtrent même les UV.

Le Parfait

Fallait-il faire preuve d'optimisme industriel, de confiance en son produit pour le baptiser « Le Parfait » ! Quelle France que celle qui n'avait pas peur de l'excellence et du succès ! C'est cette France-là qui, par ailleurs, y met sa confiture, son foie gras, ses légumes qu'il vous faudra exporter. Comme une prévision auto-réalisatrice, Le Parfait est devenu l'incontournable de la conserve française, et sans doute l'une des meilleures méthodes de conservation sous vide de tous les temps. Le Parfait a même anéanti son principal concurrent de l'époque (les années 30) qui s'appelait... « Le Meilleur », et dont l'optimisme n'a pas autant porté ses fruits. Alors, dans ces régions hostiles, où la guerre est l'activité principale, où les mères supplient leurs enfants de se faire exploser, où l'on est toujours entre deux sièges, contraint de manger indéfiniment des conserves, Le Parfait peut permettre à votre pays, et à ce qui lui reste d'optimisme, d'être un soulagement pour d'autres peuples.

Les patins d'appartement

Dans ces cultures afro-américano-asiatiques où l'on se déchausse à tout bout de champ (au risque de laisser entrevoir par le trou de sa chaussette un orteil disgracieux et malodorant), on ignore l'une des plus grandes inventions françaises : les patins. Non point ceux qui valurent à notre Philippe Candeloro national une gloire immortelle en Lucky Luke sur glace, mais ceux qui permettent d'éviter le contact de la semelle de cuir avec un carrelage fraîchement lessivé. « Mets les patins !!! » se sont entendu dire des dizaines de générations d'employés français, rentrant exténués d'une journée passée à tailler des crayons en regardant un terre-plein à travers la vitre. Les patins, c'est bien sûr la fin du rêve, le bout de la jeunesse, la décharge électrique quotidienne qui vous dit : « Tu ne seras jamais ni Rimbaud ni Di Caprio », provoquant du même coup l'aspiration de votre appendice pénien dans sa cavité jusqu'au lendemain matin. Exilés au Japon, vendez-les comme un « concept convivial français », respectueux de l'environnement ; collez-en à Depardieu sur Photoshop, ouvrez une boutique de patins « ré-appropriés » par des designers tatoués, avec cave à vins adjacente, et faites fortune !

La pince à escargots

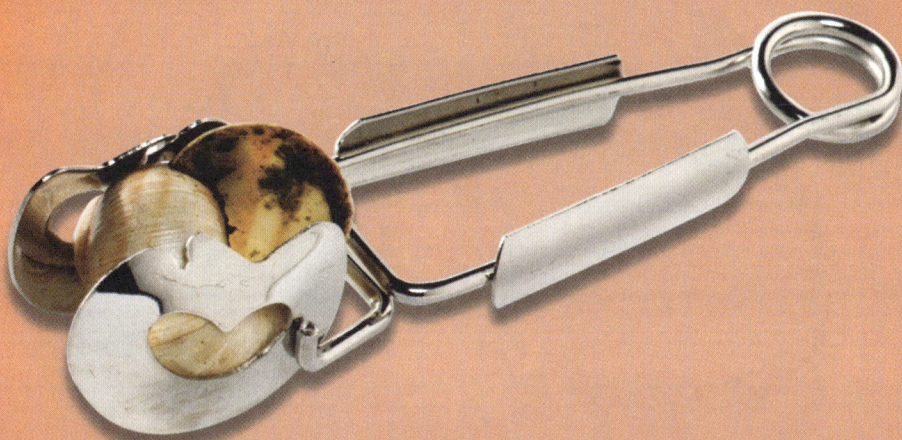

Quand les Chinois, qui mangent du chien, ou les rares Africains qui mangent encore du singe apprendront que vous mangez des escargots, vous verrez dans leurs yeux une lueur d'admiration, de respect. Un peu comme si vous regardiez dans les yeux un patron de sex-shop à Hambourg en lui disant sérieusement : « Je suis zoophile. Auriez-vous des préservatifs pour poney ? » Avoir une pince à escargots, c'est n'avoir pas froid aux yeux. Manger des escargots, c'est avoir le goût du dépassement. Fiote, qui flanche devant la limace baignant dans l'ail. De plus, je suis sûr que les alentours de Boston regorgent de gastéropodes bien gras dont il vous sera facile de faire un festin. Seul.

La pince à tiercé

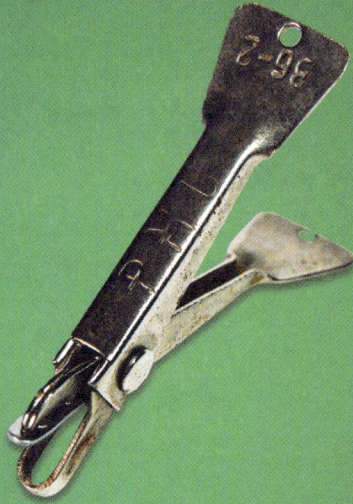

Les années 50 ont vu apparaître le tiercé dans notre pays, et il faut bien reconnaître que ce jeu, un temps l'espoir de toute une nation, n'a pas enrichi grand-monde. À l'exception de quelques chefs mafieux qui se servaient de l'appellation « Gains du tiercé » pour blanchir leurs revenus. La pince à tiercé, symbole de la destinée, mais surtout des génies conjoints d'un polytechnicien (André Arrus) et de l'inénarrable Guy Lux – à eux deux, ils sont bien les inventeurs du jeu –, ne prendra pas de place dans votre valise. Mais elle pourra éventuellement vous servir à faire comprendre que vous venez d'un pays où la chance ne tape pas tous les jours à la porte. À vot' bon cœur, messieurs les BRICS.

La pipe de Saint-Claude

Arrivez à Mexico. Louez une maison de maître en plein centre pour le prix d'un studio à Paris, posez vos valises. Et respirez. Vous êtes arrivés. Certes, les mariachis vous suivent partout, et le chili con carne a eu raison de votre système digestif, mais vous pouvez enfin dire le mot : pipe. Vous pouvez dire le mot « pipe » sans qu'on pouffe de rire ou qu'on vous prenne pour un proxénète cherchant à solder ses protégé(e)s. Car l'omniprésence de « double-entendre » grivois est un fléau français et sans doute une cause honorable d'exil pour nos concitoyens. Je pense particulièrement à ces notaires qui rigolent tout seuls en mettant leur cravate. Ou à Guy Béart, confronté à l'hilarité générale, lâchant : « Je m'bourrerais bien une petite pipe, moi » dans sa maison de Garches. De Saint-Claude ou d'ailleurs, la pipe existait bien avant la caresse génito-buccale administrée par des amateurs ou des professionnels. C'est donc en quittant la France que vous redonnerez sa vraie noblesse au Français.

La poêle Tefal

C'était certainement compliqué d'allier le Téflon et l'aluminium pour créer un revêtement favorisant une cuisson sans adhésion, hein ? Eh ben ni ces cons (excusez ma trivialité) de Grecs, ni les Égyptiens, Hébreux, Mésopotamiens, Yougoslaves, pygmées et autres Tchétchènes n'ont trouvé le truc. Y a pas eu une civilisation pour rattraper l'autre. Et faire ce que votre pays a fait : une poêle qui fait des œufs sur le plat sans qu'on ait à vider une bouteille d'huile dedans. Et vous voudriez vous en passer ? Retourner à l'époque des Mésopotamiens (qui, soit dit en passant, auraient pu inventer le fil à couper le beurre avant le monothéisme, qui était moins urgent) ?

PLUS C'EST DUR,

PLUS ÇA DURE.

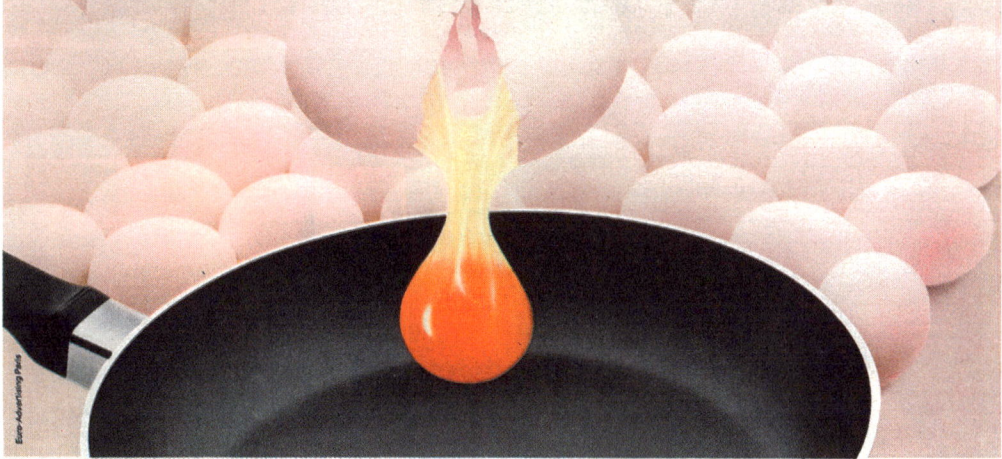

T-Plus, le nouveau revêtement anti-adhésif de Tefal, est plus dur pour durer plus longtemps. Plus dur, car plus épais et plus compact, T-Plus résiste mieux à tout ce qui agresse votre poêle chaque fois que vous vous en servez.

Cette résistance accrue fera durer votre poêle Tefal plus longtemps. Son revêtement reste parfaitement lisse, les aliments glissent comme au premier jour et cela après des années d'utilisations quotidiennes.

Avec T-Plus, Tefal ajoute aux qualités bien connues de votre poêle l'assurance d'une longue vie.

TEFAL®

T.PLUS® LE REVÊTEMENT LONGUE DURÉE.

Le polo Lacoste

Prosternez-vous, petits peuples tardivement éclairés, qui pensez maîtriser marques et mondialisation : le premier vêtement de sport à afficher ostensiblement sa marque était français ! Et le logo en était un crocodile. Vous voyez le truc, petits affairistes hip hop et autres géants du bas de jogging gâché de logos, lettres et autres virgules ? Lacoste a inventé la marque ! Et ce ne fut pas un petit coup. Car le produit était né parfait, comme la logique d'Aristote, et sans concessions. Ni hype, ni daté. Tout polo non-Lacoste est du sous-Lacoste, et qui dit Lacoste dit maille de coton parfaitement tenue, couleurs flatteuses et innovations réussies. Où qu'ils soient, le petit preppy ou sa copine ont le Lacoste sur le torse, même si vous les surprenez dans leur écosystème naturel, le col V cachemire jeté par-dessus. Ceux qui vont chercher dans l'école de commerce le vice du prédateur sournois se reconnaissent parfaitement dans ce petit crocodile, reptile de proie qui, un temps, attira les « racailles » pour cette même raison. Les raisons de porter vos Lacoste à Hong-Kong ou Manhattan sont innombrables. J'en citerai une : vous retrouver comme Français et vous montrer comme tel.

Le pompon marin

Est-elle vraie, l'histoire du nain Piéral ? (Habitué du Montana, où il allait paraît-il déguisé en enfant, il demandait aux belles femmes de l'aider à faire pipi, avant de leur faire la surprise de son « développement » ébouriffant.) Je l'ignore. En tout cas, cette possible légende est pleine de leçons : en milieu inconnu, il faut toujours avoir sur soi quelque chose, un accessoire, qui permette, quand il le faut, de « briser la glace » et d'établir un contact physique. Le pompon, censé porter bonheur par simple toucher et caresse, est un coup bien trop connu des Françaises. Mais les Équatoriennes, au demeurant fort belles, n'en ont pas encore entendu parler. Or ces jeunes filles, pieuses et superstitieuses, ne sont pas du genre à refuser un coup de pouce de la fortune. Le moment, un peu trouble, où vous prendrez leur main pour la poser sur votre pompon peut être, pour elles comme pour vous, le départ d'une nouvelle vie, une vie de bonheur et d'équilibre sexuel qui s'avérera, en plus, être la confirmation des pouvoirs surnaturels du pompon de marin français.

Les poupées Peynet

Si vraiment vous devez montrer aux nations du monde le vrai visage de l'amour à la française, ne tombez pas dans le panneau. Les amoureux de Peynet sont une très mauvaise idée. Ce couple d'enfants se mariant, ou se tenant simplement la main, le regard ahuri, l'équilibre fragile, la virilité aussi douteuse que la féminité, présentant l'amour comme une sorte d'overdose de Rohypnol ou de Xanax, est absolument effrayante. Mais qui sont ces deux-là ? Vont-ils vraiment chercher un job, prendre un crédit, avoir une vie sexuelle ? Et si la petite sainte-nitouche se fait brancher dans un bar en Albanie, il fera quoi, le petit Pierrot, avec sa gueule de pâte de fruits ? Elle croit vraiment qu'elle fera le poids contre Barbie ? Et lui, il a même pas un petit calibre ou une batte de base-ball dans sa redingote de fatigué ! Si ces deux-là représentent le couple amoureux à la française, on va se foutre de vous en Serbie et, pire encore, en Géorgie.

Le présentoir à œufs durs

Ne négligez aucune éventualité : il est fort possible que dans votre exil, vous ayez, à un moment ou à un autre, besoin de présenter des œufs. Clients ? Convives ? Salon agricole ? Les possibilités ne manquent pas. Pour ce faire, les cafetiers de notre beau pays ont inventé, avec un peu de fil de fer et beaucoup de génie, un présentoir plein de malice et de sens pratique. Un présentoir pour toujours emblématique de l'instinct de survie du limonadier français. Étonnez vos amis, donnez un avenir planétaire à cet objet en voie de désuétude. J'ai vérifié (et ça m'a pris des semaines) : aucune langue n'a réellement d'expression aussi sophistiquée que « présentoir à œufs » et, comme pour « rendez-vous » ou « tête-à-tête », il vous faudra dire simplement : « *Do you like my* présentoir à œufs ? »

Le presse-ail

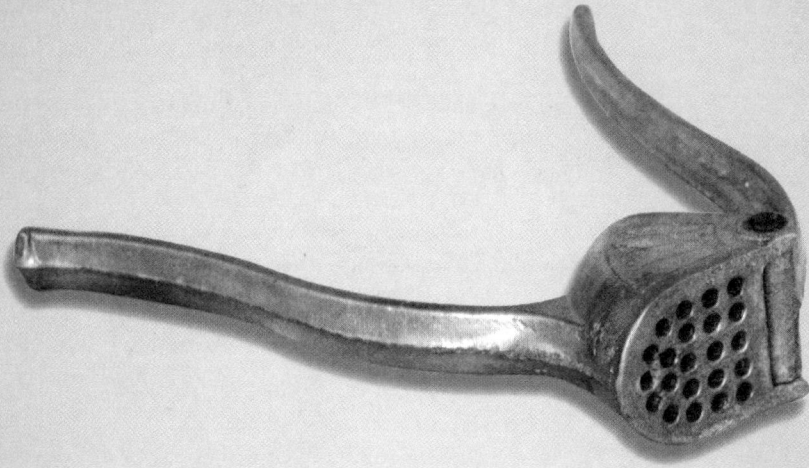

Si l'on veut passer un moment loin de ses problèmes, mais surtout si l'on veut comprendre le génie français, je recommande la lecture complète, si possible avec commentaire, du brevet d'invention du presse-ail décrit comme « constitué de deux bras articulés, auxquels sont rattachés respectivement un contenant à fond perforé et sur l'autre bras un pilon ou piston de compression correspondant à la forme du contenant ». Mettre des coups de pression n'est pas l'apanage de quelques gangs banlieusards, et il faut bien dire que si la vaste majorité des pays du monde se révèle volontiers laxiste dans son traitement de la gousse d'ail, la France sait montrer sa fermeté. Rarement impressionnée, elle atomise la gousse d'ail, la réduit en purée, comme s'il en allait de sa vie. Et pour cause : comme chacun le sait, en France, pas de petit déjeuner sans escargots. En tout cas, c'est ce que croient les étrangers, les Thaïs par exemple, pour qui vous serez une curiosité. Ne les contredisez pas. Ils croient que vous êtes encore plus dégueulasses qu'eux, et je crois que ça vous rend un peu « sexy » à leurs yeux.

Le presse-purée

Y a-t-il vraiment un autre pays au monde dans lequel la vedette du cru, à l'instar d'Isabelle Adjani, donne au plus grand journal de mode sa recette du jambon-purée ? Non, pas à ma connaissance ; les pays pour lesquels vous quitterez la France n'ont aucun respect pour la purée, qu'ils considèrent comme un accident culinaire, sans valeur gastronomique ni médiatique. C'est qu'ici la purée est une grande affaire, une affaire sérieuse, et donc vous trouverez toujours quelqu'un pour déplorer qu'elle ne soit pas faite « avec les mains ». Bien sûr, rien n'indique qu'une purée manuelle est meilleure qu'une autre, mais essayez de hasarder l'opinion en France, et vous serez rayé à vie du Rotary Club de Chantilly. D'où la folie du presse-purée manuel, dont l'utilisation a coûté des doigts à des générations, mais qui sied à l'expatrié qui, faisant visiter sa cuisine avec vue sur la Pampa, pourra lâcher négligemment à ses invités : « Nous sommes comme ça, nous, les Français. La purée à l'ancienne, chez nous, c'est sacré. » (Heu, par prudence, essayez quand même de trouver discrètement un fournisseur de Mousline dans la région.)

La queue de tigre Esso

L'idée de mettre « un tigre dans votre moteur » serait, me dit-on, très vieille, mais trouvait, dans le fond, peu d'écho, puisque le moteur n'était point encore inventé. Je l'admets, mais la queue du félin, elle, existait déjà. C'est pourquoi elle eut autant de succès dans les années 70. Oui, le conducteur d'alors, sentant le balancement de la queue de tigre Esso pendue à son rétroviseur, voyait remonter son taux de testostérone et considérait en quelque sorte avoir vaincu la partie animale de son véhicule. Sa Renault 5, qui aurait dû mordre et faire des bonds, ronronnait tranquillement sous ses ordres, et il en serait ainsi tant que la queue de tigre Esso serait à sa place et sous son contrôle. Eh bien moi, je crois qu'une telle conception du mâle, mi-conducteur mi-dompteur, peut encore affoler la Mexicaine, la Paraguayenne, mais aussi montrer au monde que nos stations-service savaient faire des cadeaux de prix, et de goût.

Le ramasse-monnaie

« Vous avez pas plus petit, madame Tapon ? » « Ah, ben non, je commence à peine mes commissions et j'ai rien d'autre ! » Calmement, placidement, le ramasse-monnaie attend la fin de ces dialogues convenus et répétitifs qui sont la respiration de la France, pays de petits commerces et de petite monnaie. Il a vu le franc, que regrettent quelques retraités grincheux qui lui lâchent les pièces une par une ; il subit l'euro, et ses centimes de nickel, toujours mal vus. Et il se sait condamné, malgré ses efforts, pour s'adapter à l'époque. Lui, l'espace publicitaire qui vanta les apéritifs au quinquina puis les biscottes sans sel et les boissons gazeuses, sait que rares sont les produits gardant assez de stabilité pour s'inscrire dans la durée de vie d'un ramasse-monnaie.

Les rasoirs jetables

« Vous savez qu'en France, nous avons été les premiers à inventer le rasoir jetable ? » Cette phrase, lancée à la cantonade dans une pépinière de startups près d'Istanbul, peut précisément se révéler à double tranchant. Elle peut signifier : « Ho, les barbus-moustachus, vous saviez que je venais d'un pays de travelos qui se rasent deux fois par jour, une fois chez eux et une autre fois entre le bureau et le bois de Boulogne ? » ou : « Nous avons été une nation d'innovations, dont les membres avaient tellement de boulot qu'ils devaient se raser dans leur bagnole ». Dans les deux cas, ce n'est pas bon pour le rayonnement passé et futur de votre pays. Le rasoir jetable Bic, né en 1975, rasoir à une seule lame (contrairement à la vogue « 2 ou 3 lames » de l'époque), a connu un succès phénoménal. La raison : les gens sans trop de fric s'en servaient quasiment six mois sans en changer, ce qui faisait du Bic usagé une denrée très en vogue au Tchad et en Somalie. Où la version double lame, tête pivotante, avec bande lubrifiante, est vendue avec la protection d'un camion rempli de gardes armés jusqu'aux dents.

"4ᶠ les 7 rasoirs Bic."

"Pour moi, les économies ça compte!"

Raymond Poulidor

OFFRE SPECIALE
BiC
5 rasoirs à 0,80f = 4f
+
2 RASOIRS GRATUITS

ATTENTION!

Chaque rasoir Bic assure en moyenne une semaine de rasage, en alternant chaque jour l'utilisation de ces 7 rasoirs, vous doublerez leur durée normale, et chaque rasoir vous assurera en moyenne deux semaines de rasage.

Les économies, ça compte!

En vente dans les tabacs, papeteries, grands magasins, etc.

Le réchaud de camping

Alors, voyager avec un réchaud, c'est faire l'expérience du chibani, traîné de Béjaïa à Cavaillon pour un chantier en 1966, et qui habite un Algeco amélioré avec sa femme, venue en 88. Ça peut être sympa, et ça a l'avantage de l'authenticité. Après tout, l'immigration, c'est aussi du camping. Et puis, à un moment, le Français doit se mettre à la place de ceux qu'il a (selon lui) accueillis, et connaître le goût du tajine de courgette cuit sur un Butagaz, avec une casserole en alu, en écoutant Farid El Atrache. Le réchaud, c'est l'école de l'humilité, et avec un peu de chance, un soir, ivre de mauvais vin bulgare, votre réchaud peut fort bien déclencher un départ d'incendie qui vous rendra célèbre dans votre nouveau quartier.

Le rond de serviette

Quasi emblème du pique-assiette qui vient à l'improviste chaque soir traîner son croûton dans votre blanquette, le rond de serviette était l'image de
l'ennui français en famille, le symbole du provincialisme répétitif. Dans son
petit coin de cuisine, avec son design d'objet fabriqué par des bagnards ou
des tuberculeux, il délimitait la sphère sociale de la famille à… ses membres,
plus quelques gloutons emmerdeurs. Comme les restaurants, les tables familiales avaient leurs habitués, qui finissaient par décéder, et dont le rond restait,
avant de rejoindre au grenier ceux des enfants partis. Dans un pays comme le
Cambodge ou le Rwanda, où les gens ont vraiment souffert, il faut se faire
respecter en montrant qu'on en a aussi bavé. Le rond de serviette peut être
une preuve qu'il était urgent de quitter la France.

La rosette de la Légion d'honneur

Soyons réalistes. À moins d'une prolifération subite de mouchards dans les halls d'hôtel de Tegucigalpa ou de Nouakchott, vous pouvez aisément porter la Légion d'honneur à l'étranger. Alors faites-le. Et crachez dans l'œil de qui vous regarde de travers. D'abord, l'embonpoint passe mieux avec la rosette, et ensuite le prestige d'une décoration déjà accordée à Sting, à quelques participants de « Koh-Lanta » et à la totalité des viticulteurs, rôtisseurs et présentateurs météo du pays ne peut que faciliter votre accès à un prêt bancaire. Une rosette vous donnera le rang d'officier, alors que la même, mais sur un canapé écru, vous fera grand-croix. Évidemment, ça donne de la densité quand on s'adresse à un vil commercial de l'Ontario. Il n'y a rien de scandaleux à détourner à votre profit le prestige d'un pays sinistré qui n'a pas su reconnaître votre talent et vos états de service. Y a-t-il un meilleur rendement pour 12 euros que l'achat d'une Légion d'honneur ? Je ne crois pas.

Le sac Chanel 2.55

Vous avez rencontré une Australienne dingue des Français. Shane, blonde dorée aux cuisses vigou-reuses, échangerait vingt surfeurs contre l'élégance toute parisienne de votre panta-court, de votre chevalière et de vos socquettes. Elle vous adore mais est convaincue de n'avoir aucune classe. Ne le lui confirmez jamais, laissez-la dans le doute. Elle doit se poser des questions, dans le fond du bush, avec une liaison Internet défectueuse et un ragoût d'opossum sur le feu. À force de vivre en huis clos, à 800 km de la première ville civilisée, votre relation va finir par exsuder la frustration et l'ennui. À la faveur d'un crise conjugale, ou d'un concours d'absorption de bière perdu par vous, elle va vous demander le Graal : le sac-baguette – ou 2.55 – de Chanel, un classique de chez vous qui, pense-t-elle, devrait lui donner la classe d'une Inès de la Fressange. Allez derrière le mobil-home et déterrez la copie, achetée 35 dirhams à Marrakech. Shane n'y verra que du feu et votre couple repartira pour cinq années de plus.

Les santons de Provence

Au pays de l'abbé de Saint-Cucufa, où les hérésies cathares avaient été terrassées par la foi du charbonnier, Noël n'était pas une farce. La « Bonne Mère » et le « Petit Jésus » étaient respectés, redoutés, aimés. Autant que le sont aujourd'hui le patron de plage mafieux, l'agent immobilier ou le jeune loup du Front national. La naissance du petit Jésus était alors célébrée comme la venue de David Guetta : processions de vieilles, libations de rosé, et don d'une orange (tradition remplacée par l'échangisme tout court). Les santons, acteurs de plâtre de la belle Nativité, étaient de véritables trésors de famille qui, une fois l'an, ressoudaient celle-ci. Il faut dire qu'avant l'arrivée des pelleteuses à La Grande-Motte et des putes russes à Cogolin, le dernier événement important dans la région – si l'on excepte le marché aux truffes de Lourmarin – était bel et bien la naissance de Jésus de Nazareth. Aujourd'hui, le santon est devenu un peu moins qu'un nain de jardin, et lui-même ne sait plus vraiment qui il est. Mais le laisser dépasser d'une poche, lors d'un entretien d'embauche dans le sud des États-Unis, peut vous valoir un peu de clémence.

La Santos de Cartier

C'est une tradition française de rendre des hommages, de préférence accompagnés de pleurnicheries, à n'importe quelles gloires contestables, artistiquement ou politiquement, dont les naissances et morts sont de quasi-jours fériés. Parmi les figures tutélaires les plus chéries des Français, citons les pionniers de l'aviation et de la voile : Saint-Exupéry et son mièvre *Petit Prince*, Éric Tabarly, dont le Wikipédia est un somnifère redoutable, et Alberto Santos-Dumont, un Franco-brésilien qui, au début du XXᵉ siècle, s'est promené un peu partout dans des ballons dirigeables en répétant « *Obrigado* ». Un héros, certes, mais dont la postérité chez nous est plutôt due à une montre, montre-hommage et hit mondial, ultra élégante, objet de convoitise et symbole de l'horlogerie française. En effet, c'est pour avoir toujours l'heure sur lui en plein vol que notre ami franco-brésilien avait commandé à Louis Cartier ce modèle, première montre-bracelet de l'Histoire. Ce qui rappelle ce sommet d'esprit français, cette phrase attribuée à Johnny Hallyday : « Si j'ai acheté un portable, c'est pour être joignable partout et tout le temps. »

Le savon Cadum

Avant la découverte de l'huile de cade, 70 % de l'activité du Français moyen consistait à se gratter. L'Hexagone, gigantesque plaque tectonique d'eczéma entre Manche et Méditerranée, a connu des siècles de grattage frénétique. Henri IV n'a signé l'édit de Nantes que parce qu'il était pressé d'aller dans un coin gratter son psoriasis ; Marat aurait murmuré « merci » à Charlotte Corday qui l'arrachait à une existence de démangeaisons hystériques, seulement calmées par de longs bains. C'est de l'huile de Cade, remède à la gratte, qu'est né le savon Cadum (désormais propriété de L'Oréal) dont le bébé est partout le symbole d'un coït réussi et fructueux. Son image, diffusée partout après la Première Guerre mondiale, a contribué à donner au pays une réputation de santé et de bonne humeur dont le sourire de François Hollande est un lointain écho. Dans tous les pays du monde, si vous revendiquez le bébé Cadum dans votre ascendance, vous serez reçu comme un prince, voire bénéficierez d'un coquet discount sur les bouteilles dans certaines boîtes de nuit.

avec **Cadum lanoliné,** **rose** ou **doré**

...peau douce comme une peau de bébé!

S'ajoutant pour vous plaire au Cadum doré, voici Cadum rose! Faites donc votre toilette avec Cadum lanoliné puisque c'est le meilleur savon de France... Voyez comme il est doux votre Cadum! Voyez comme sa mousse est onctueuse et fine! Une mousse riche en lanoline, qui empêche votre peau de se dessécher! Une mousse qui vous fait la peau douce comme une peau de bébé! Et pour vous plaire encore plus, voici maintenant Cadum rose, couleur charmante qui plaît tellement aux femmes. Et quel parfum! Comme il est frais, comme il rend la peau fraîche!

la lanoline de Cadum empêche ma peau de se dessécher

Cadum est si doux pour la toilette de bébé

quelle fraîcheur parfumée sur tout le corps!

LES *deux* **PETITS CADUM ENTRETIENNENT LA BEAUTÉ!**

Le savon de Marseille

Le savon de Marseille est la seule chose en provenance de cette ville qui n'ait rien à voir avec le foot, et qui ne soit pas une pizza. Normalement, un bon Français, entendant « de Marseille », appelle directement la police (sauf quand il regarde un reportage de TMC sur la Bac, le fusil à pompe à portée de main). Produit phare de l'imposture vintage française, aux prétendues vertus domestiques et dermatologiques, ce savon, souvent fabriqué dans la banlieue de Bucarest, revient peu cher et, bien packagé (genre « A year in Provence »), peut rapporter gros. Pourquoi dès lors se priver d'une exfoliation « 100 % naturelle » ou d'un brossage de dents à peu de frais ?

Le set
de pétanque

Vous connaissez 3D Pétanque ? Non ? Pourtant ce jeu téléchargeable sur le Net est en passe de remplacer l'ancestral « jeu de boules » à l'aide duquel Marcel Pagnol et Jean Giono parvenaient à meubler les moments creux de leurs romans ethniques. Ainsi la provençalité virtuelle vous aura sans doute précédé dans votre exil à Shanghai, Denver ou Saint-Pétersbourg... « *Aah yeah !* Pétanque ! *Goood !... You me play !* » vous dira sans doute le joyeux local, pouce levé, sourire niais et toutes dents dehors. Si alors vous sortez de votre valise un modèle Obut ou Manufrance 1987 (hérité de votre grand-oncle d'Aubagne à la suite de la canicule de 2003), vous êtes assuré d'être accueilli au moins comme Jean-Luc Godard au Festival du film expérimental d'Osaka. Ou comme Valbuena dans un club du championnat koweïtien. Imaginez-vous, vous balançant négligemment, avec l'érotisme naturel d'un Christian Estrosi, votre pack tenu par la petite lanière, à la recherche d'un ou d'une partenaire, dans la touffeur d'un été angolais, et laissez juste agir le prestige de Stéphane Collaro et du gendarme de Saint-Tropez. Avant que vous ne vous en rendiez compte, un top model vous aura supplié de venir chez elle goûter sa recette de la ratatouille organique.

Les sous-vêtements Damart Thermolactyl

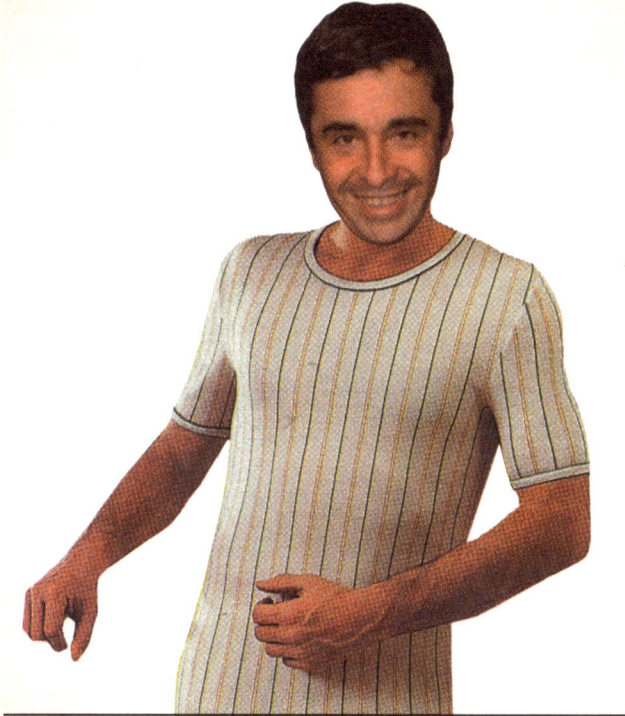

Roubaix. Le froid pénétrant du Nord. Les rudes travaux au grand air. Les années 50, où les filatures textiles vont bon train. Les reins des hommes sont exposés. 1954, terrible vague de froid. Il y a urgence. C'est un job pour les trois frères Despature, déjà interpellés par les rhumatismes insolubles de leur tante. Leurs maillots de corps triboélectriques chauffent, et feront bientôt du rhume une chose aussi démodée que le fixe-chaussette. Et ils ne s'arrêteront pas là : chaussons, pyjamas, chaussettes, vêtements de nuit et autres slipettes seyantes complètent cette gamme, qui est en soi une vision du monde. Une vision pour laquelle les vêtements sont une maison, une façon de dire : « Plutôt la mort que l'inconfort ». C'est cette philosophie qu'il faut transmettre aux Berlinois, que leur miracle économique ne protège pas des vents glacés.

Le soutien-gorge

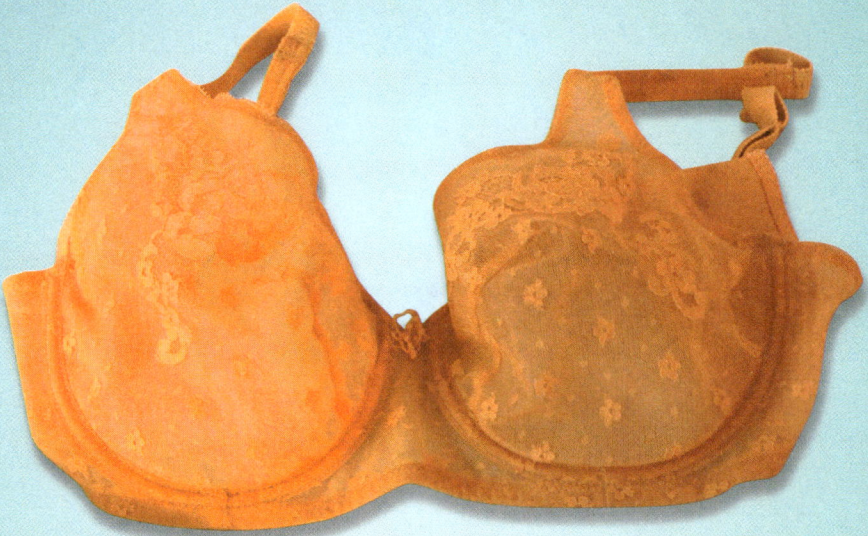

La prochaine fois que vous longerez le boulevard de Ménilmontant, jetez un coup d'œil à l'entrée principale du Père-Lachaise où reposent Chopin, Balzac, Piaf et Oscar Wilde. Pensez alors à la Commune, ce Mai 68 radical mais non bourgeois qui vécut ici ses derniers feux. Puis visualisez une belle poitrine de France, féminine de préférence. Et en un raccourci, vous ferez apparaître Herminie Cadolle, amie de Louise Michel, corsetière et communarde, un temps exilée à Buenos Aires pour y fonder sa maison de lingerie... et revenue chez nous pour y créer l'indispensable du bien-être féminin moderne : le soutien-gorge. C'est elle (et personne d'autre) qui libéra la femme du corset. Et sa maison est toujours debout, plus d'un siècle plus tard. Évoquer sa figure, devant un Mai Tai ou un mojito, en une ellipse où se mêlent l'intime et le politique, peut considérablement érotiser une soirée à deux avec vue sur la mer.

Les stylos à bille

À l'ère des startups et des nanotechnologies, il y a peu de chance que l'on regarde à l'étranger le stylo Bic comme une avancée majeure, imputable à la nation de Fleur Pellerin. Le prestige du monochrome à bille encre ou du 4-couleurs, jailli de la poche-poitrine pour signer un chèque de 48 Meticals mozambicains (c'est environ le prix d'un kilo de cannabis local), se limite désormais à des régions très sauvages, où il est regardé par les enfants comme la voie royale vers la carrière et la femme (traduisez la corruption et le sexe). De plus, le déclin inévitable de l'écriture et du dessin « physiques », dû à l'invasion mondiale de graphistes barbus, piercés et fans de Moby, a ôté à l'invention des frères Biro, reprise par le baron Bich, le caractère indispensable qui en fit vendre plus de 100 milliards. C'est d'autant plus regrettable que ce stylo, pratique, modique et résistant (sauf aux mâchonnements des dépressifs chroniques) peut également servir à crever un œil lors d'une bagarre impromptue dans un faubourg de San Salvador.

Le Synthol

Le Synthol est une bouteille présente chez tous les Français, en général en évidence, et qui envoie un message clair : « Je me fais des bains de bouche. » Le problème est qu'un flacon de Synthol peut faire partie des inusables domestiques tant on voit rarement son niveau baisser dans les foyers français. La bonne haleine n'est une priorité que dans des milieux privilégiés, où les toilettes elles-mêmes sentent Miss Dior. En général, pour ces Torquemada de la bouche fraîche, le goût du Synthol est vite gâché par une rasade de champagne aux effets dévastateurs. Une solution alors : le Synthol en mini-spray, avec auto-vaporisation furtive avant flirt poussé. Je vous conseille d'en emmener au moins douze dans votre exil scandinave, où l'haleine approximative entraîne une reconduite à la frontière.

Le tabouret en Formica

Sans surprise, à ma requête « tabouret en Formica », Google me renvoie immédiatement à « tabourets en Formica pas chers », avec des milliers de résultats. Ben oui, on n'a jamais vu *Vanity Fair* titrer « L'émir du Qatar refait tout son palais en Formica » ou « Record chez Sotheby's pour une chaise en Formica ». Ce truc ni rare ni précieux n'est pas non plus beau. Mais c'est le repose-fesses vintage de la France modeste, la France qui rentre chez soi pour la pause-déjeuner, ou qui n'a pas de pause-déjeuner puisque pas de travail. Et pourtant rien n'est moins français que le Formica, qui est un conglomérat plastique de mica et de Bakélite en provenance de... Nouvelle-Zélande, où est installée la société éponyme. Les couleurs du Formica ne sont légendairement pas les plus subtiles, et peu de grands designers se sont cassé la tête à révolutionner une matière sur laquelle ils feraient si peu de marge. Mais la crise est là ! Et ça nous pend au nez ! Jeunes designers français dans le vaste monde, pensez à la cuisine de tatie Yvette. Faites une marque genre « Formicable ». Les Canadiens pourraient bien adorer !

La tasse Viandox

Je ferme les yeux. Et j'entends un garçon de café au physique de Pierre Tchernia lancer en direction de la « cuisine » (un évier crasseux au-dessus de toilettes à la turque) : « Une Suze ! Un Viandox ! Un Coca ! » Telle était la France d'alors. L'extrait bovin tenait lieu de cocaïne du pauvre, et c'était au Viandox, hybride de sauce, de bouillon, d'infusion et de plasma sanguin, que revenait la tâche de donner un petit « coup de fouet » à l'employé anémié. Après un Viandox, l'haleine était certes foutue, mais le sang revenait au visage, et bouillait dans les veines. Oui, cet aloyau liquide, trésor de protéines, Coca carné, faisait repartir votre tonus bien plus sûrement que les cinq fruits et légumes quotidiens dont on nous rebat les oreilles aujourd'hui. Les Anglais, qui l'ont honteusement copié sous le nom de Bovril, ont toujours eu de l'estime pour les buveurs de viande au petit déjeuner.

PAS DE DOUTE,

AVEC

VIANDOX

ÇA VA BEAUCOUP MIEUX!

Le tire-bouchon
« De Gaulle »

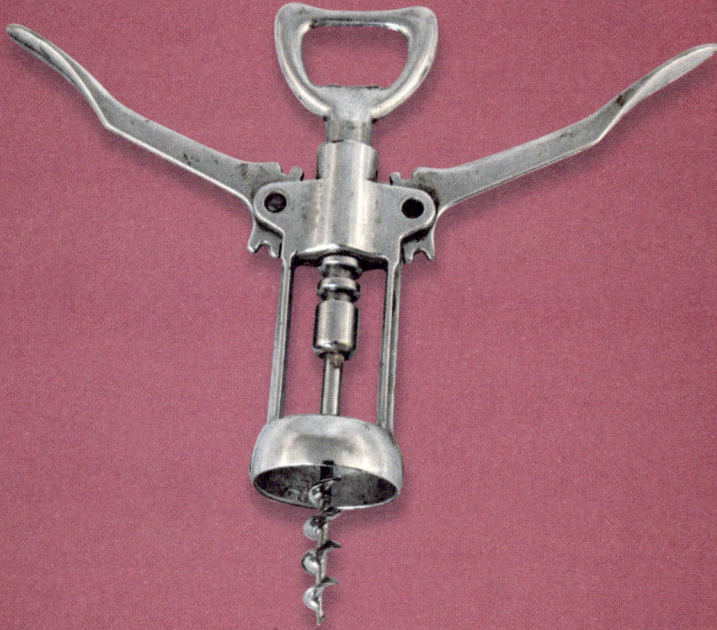

J'ai un ami qui a fait fortune dans les tire-bouchons De Gaulle. Je devrais dire « J'avais » : il est mort de manière inexplicable, alors qu'il sortait du cimetière de Colombey-les-Deux-Églises, où il était passé, au retour de ses vacances, en short et tongs, visiter celui à qui il devait sa fortune. Le fantôme du Général n'est pas matière à plaisanteries dans ce pays. Encore moins en short et tongs. Envoyés sous plis confidentiels, ses tire-bouchons (qui voisinaient, dans son catalogue, avec des préservatifs ornés de sourcils de Pompidou super stimulants et des salières Alain Juppé) avaient certes passé la censure de notre grand pays, toujours uni derrière ses chefs spirituels. Mais l'esprit du Général ne dort jamais, et le pauvre Grégoire a sans doute payé de sa vie ses sarcasmes envers le sauveur de la France occupée. Si donc vous avez l'un de ces artefacts, insulte au bon goût et à la République, emmenez-le le plus loin possible. Et débouchez vos bouteilles de picrate australien au milieu d'aborigènes qui n'ont jamais entendu parler de Radio Londres et du Petit-Clamart.

CUISINE

Le tire-bouchon
en cep de vigne

Quand vous exhiberez votre tire-bouchon en cep de vigne à Lagos, Nigéria, évi-tez l'emphase provinciale qui pousse certains de nos concitoyens à ajouter :
« Cep de vigne massif ! » On a compris qu'il n'y a pas d'aggloméré de cep de
vigne et, vous savez, les Nigérians sont futés, faut pas les prendre pour des
buses, parce que contre dix machettes, un tire-bouchon en cep de vigne ne
fera jamais le poids. Non, sortez-le, regardez-le, humez-le si vous voulez faire
le malin, mais ne vous la racontez pas à l'excès. Surtout si vos moyens ne vous
permettent pas de vous en servir pour ouvrir l'une de ces bouteilles comme les
nouveaux milliardaires du pétrole nigérian en ont des centaines dans leur cave.

Les torchons
à carreaux ou madras

Merveilleuse identité française. La France n'a pas qu'une belle littérature, une industrie du luxe millénaire et des femmes qui embrassent sur la bouche et longtemps ; elle a également une tradition de torchons. Qui dit mieux ? On ne parle pas de nappes ou de couverts, mais de torchons ! Des « bistrots » dans le monde entier se lancent chaque jour avec, comme image de marque, le torchon à carreaux (ou madras pour sa version antillaise), avec lequel votre oncle aveyronnais se protégeait du soleil avant de s'en servir pour nettoyer les verres à apéritif. Le bobo new-yorkais, apercevant même furtivement ce torchon, se précipite dans votre établissement – Le Cocotte Pastis – pour commander en urgence un jésus de Morteau, par ailleurs conditionné sous vide depuis un labo du Massachusetts. C'est pourquoi je ne saurais trop recommander d'emmener ces torchons où que vous partiez, si vous voulez être un « jeune dans l'hôtellerie » en exil.

Le traversin

Je n'ai jamais entendu que les talibans aient voulu interdire les batailles de polochons, ni que Kim Jong-un ait demandé l'exécution de tous les réactionnaires en possession d'un traversin. Ni même que les généraux birmans aient éventré ces coussins longilignes pour l'exemple. Non, le traversin est une valeur quasi universelle, qui semble avoir une popularité particulière en France, où il fut longtemps préféré à l'oreiller. La raison ? Mystère... Très inconfortable, peu pratique pour les galipettes (malgré son aspect phallique), le traversin ne présente à mes yeux qu'une qualité spécifiquement française : il permet de dérober au fisc et aux voisins de grandes quantités de billets de banque scrupuleusement épargnés, toutes sommes qui finissent hélas souvent maculées de sécrétions corporelles.

Le T-shirt Johnny Hallyday

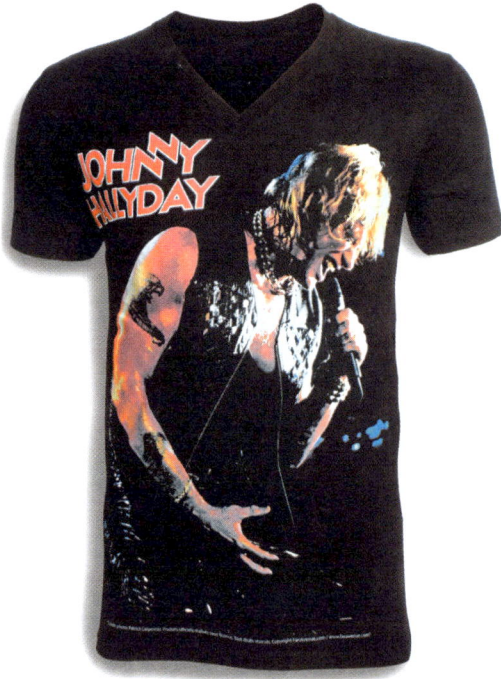

Lorsque vous rentrerez dans le « Rock'n'Roll Street Café » de Broken Arrow, Oklahoma, il est probable que, même avec votre passé de catcheur dans le nord de la France, vous n'en mènerez pas large. Les gabarits impressionnants des ex-taulards édentés et jouant du canif dans une odeur de pétrole brut vous feront vous sentir aussi petit qu'un yorkshire dans un chenil de dogues argentins. Quelque chose pourtant retiendra Butch ou Randall de vous trancher la gorge d'oreille à oreille : le biceps épais de Johnny Hallyday, imprimé sur votre T-shirt. L'homme et son regard bleu, ses doigts constellés de pierres bleues cheyennes, sa vieille amitié avec le tout-puissant Christian Audigier vous protégeront aussi sûrement que Santa Guadalupe dans la cabine d'un routier mexicain. Johnny, le Elvis belge, protège les Français partout où ils vont. Et si quiconque a trop bu pour reconnaître le visage de cet ange aux poings d'acier, un simple coup d'œil le retiendra en un instant d'« allumer le feu ».

Les verres Duralex

On croit que le souci des ans est l'apanage des vieilles peaux. C'est faux : les enfants de mon enfance, une fois la porte de la cantine ouverte, se précipitaient sur leur verre Duralex pour chercher, au fond du gobelet, le chiffre qui disait leur âge. C'était curieux, cette manie de demander à un verre de vous dater. « Et toi, t'as quel âge ? » Duralex vous donnait 6 ans le lundi et 17 le lendemain. Une maison respectée, mais qui racontait pas mal de conneries quand même, si vous me permettez cette grossièreté. Et nous voulions les croire, car il n'y avait pas d'Internet pour dissiper le mystère, et nous apprendre simplement que ces chiffres étaient des numéros de moule. Les verres Duralex se cassaient rarement et, s'ils le faisaient, c'était dans un bruit très sourd, ce qui limitait les grands « Aaaaah ! » suivis d'applaudissements lourdingues qui marquent ce genre d'événements en milieu scolaire. Les verres Duralex, vendus à des centaines de millions d'exemplaires (immense succès *Made in France* dans 120 pays), sont toujours fabriqués chez nous, mais essentiellement pour les bénéfices d'actionnaires moyen-orientaux. *Dura lex, sed lex.*

Les Vuarnet

Vous n'êtes pas le genre à laisser votre part au chien quand il s'agit de boire un verre de vin chaud avec un sosie de Jean-Claude Killy. Le ski des années 80, les J.O. de Los Angeles, Alberto Tomba, Cortina d'Ampezzo, Lake Placid, Calgary… ça vous parle. Vous pouvez emporter votre réchaud à fondue à alcool dans le Thalys vers Bruxelles pour un kiff, tout en écoutant du zouk dans l'iPod. Les Vuarnet sont, pour vous, pleines de la beaugossitude des amants passagers de Caro de Monac'. Intemporelles, identifiables à tous les coups comme les Ray-Ban ou Mireille Mathieu, elles ont valu à plein de petits minets de drugstore en flight jacket et chaussettes Burlington des regards appuyés de la part de sosies de Karen Cheryl. Les Vuarnet, du nom d'un champion olympique de ski français, sont aussi indémodables que Chantal Goya. À ceci près que le grand champion n'a jamais, lui, appelé au meurtre des chasseurs par des lapins… Et pourtant on le surnommait Jeannot !

La 2CV miniature

CITROËN 2CV CHARLESTON (1982)

On a tout dit sur le génie de l'ingénieur André Citroën. L'un des seuls Français à avoir traversé l'existence (et quelques déserts, je le rappelle) sans avoir été soupçonné de collaboration, de fraude fiscale ou de harcèlement sexuel. Enfin un individu qui sort des clichés. Bon, pour ce qui est de collaborer, son décès en 1935 nous laissera pour toujours dans le doute. S'il n'en est pas l'inventeur, c'est à son élan et à son génie technique que l'on doit le projet de cette voiture populaire et modique : la 2CV, née à l'aube de la Seconde Guerre mondiale. Cette merveille, dans laquelle on pouvait entasser 5 Bourvil et 8 Louis de Funès, reste un symbole que Smart et l'indien Tata ne peuvent faire oublier. Dans votre salon londonien, une 2CV en modèle réduit, c'est un témoignage de vos débuts difficiles, dans ce pays qui a rendu universelle l'automobile low-cost bien avant les grandes crises économiques. « J'ai fait mes premières livraisons dans ce modèle », pourriez-vous lâcher nostalgiquement... Encore faut-il que vous ayez fait fortune entre-temps.

La Deuc

La deuche est hyper sympa, ça tout le monde le sait ! La deuche est agréable à vivre c'est la "décapotable" la moins chère du marché,* elle a une suspension super confortable, elle a une santé de fer et elle grignote à peine...

Tout ça, tout le monde le sait aussi ! Mais, quand, en plus, elle s'offre une nouvelle garde-robe, au charme un tantinet rétro, elle est tout simplement géniale.

C'est fou ce qu'elle a comme talent la deuche, elle en a tant, que le jour où il vous faudra une voiture un peu plus... un peu moins... et bien, vous ferez un heureux. Parce que les deuches, on se les arrache ! Finalement, la deuche, c'est presque un placement !

"2 CV Charleston :

* Et avec Ecoplan, c'est vraiment épatant ! Ecoplan, c'est un plan de location longue durée, qui vous permet de partir en deuche folle, sans claquer

he folle !

dernière née des 2 CV."

fou !

Doctissimo.fr

À l'étranger, vous allez tomber malade. Ne comptez pas sur les Bulgares et autres Péruviens pour vous donner une petite consultation gratuite entre deux rasades d'eau-de-vie. Ne changez pas vos habitudes : restez sur Doctissimo, première communauté de France (100 000 messages par jour). Commencez par expliquer que chaque Français est médecin et qu'en France, il n'y a pas mieux qu'un inconnu, pas sorti de chez lui depuis un an, pour vous faire un diagnostic. Sur Doctissimo, on se confie avec une liberté et une franchise exceptionnelles. De « J'ai mal à la chatte » à « Mon haleine est un calvaire » en passant par « Je suis ménopausée, puis-je jouer au golf ? », tous les thèmes sont abordés avec lucidité, et une impressionnante variété de smileys. Naturellement, des termes comme « Gigi » pour « Gynéco » ou « Mickeys » pour « Mycoses » seront intraduisibles. Mais vous pourrez quand même montrer à vos nouveaux amis des photos de prurit ou d'impétigo. Et ça, c'est universel.

Marmiton.org

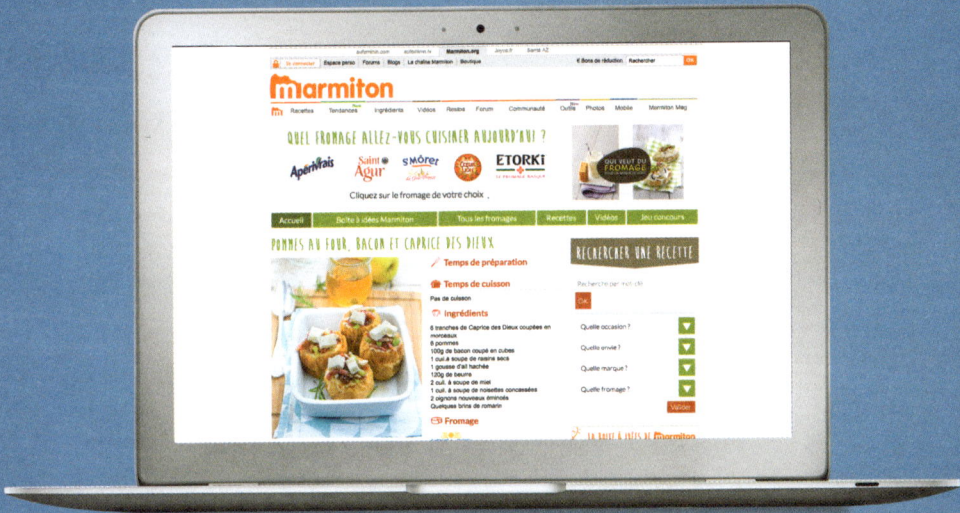

Des « bananes au bacon » ? Bien sûr ! Un « cake choucroute et saumon au munster » ? Comment refuser ? Une « terrine de carottes épicées au lard » ? Un « velouté de chou-fleur au bleu d'Auvergne » ? Yyyeeesss !!! Encore un creux ? On peut vous faire un « cœur de porc au vin rouge », ou des « moules farcies au beurre d'escargot » et une « pizza pomme poire et gorgonzola ». Et comme vous mettez du temps à mourir, on va noyer votre pylore, vous ensevelir sous une « salade de dindonneau aux endives », et vous crèverez la gueule ouverte, comme dans *La Grande Bouffe* de Marco Ferreri, quand vos papilles entreront en contact brutal avec notre « pudding aux pommes à la graisse de bœuf ». Car nous sommes le pays des gastros. On deale dans le goût, on parle savant. Genre : « On est sur une acidité sucrée » ou « On va partir sur un élancé de rognons et derrière une réduction de figues ». Marmiton.org, c'est la pornographie alimentaire à la française, un monde de recettes en accès libre et en libre expression, avec des audaces de Mme Bovary, que l'ennui a menée un jour à essayer de faire cuire la biche tirée par monsieur avec le porto qu'elle boit en cachette. Qu'en faire à l'étranger ? Monter une école d'altercuisine au Brésil.

INDEX

CRÉDITS PHOTOGRAPHIQUES

Le dessin de la page 4 et le portrait de la page 104 ont été réalisés par Niboz.
(niboz.tumblr.com)

REMERCIEMENTS

M. et Mme Guy Cluzel, Flore Cluzel, M. et Mme Alexandre d'Andlau, M. et Mme Philippe Boulon, M. et Mme Christian Gebhardt, Christine York Richard, Marie Dreyfuss, Fabien Vallerian, Marion Le Jeune, Nikola Savic, Huguette Maure, Caroline Zeitoun, Lionel Blanc-Gonnet, Loriane Picherit, la boulangerie Bourlier (Neuilly-sur-Seine), Victor Verquin, Gwendoline Jamesse, Yoann Houilliez, Claude Athon, Philippe Louet, François Paquet, Francis Essique, Isabelle Lolo, Stéphane Monterosso, Alexandra Braillard, Benoît Lorin, Nathalie Poupou, Nicolas B., Amandine Roy…

BIBLIOGRAPHIE SÉLECTIVE

DELOBETTE, Hubert, *Follement français*, Le Papillon Rouge Éditeur, Villeveyrac, 2006.

DUHAMEL, Jérôme, *Grand inventaire du génie français en 365 objets*, Éditions Albin Michel, Paris, 1992.

FLEURENT, Christine, MÉRY, Véronique, *Objets estampillés France*, Éditions de La Martinière, Paris, 2013.

JOUVE, Franck et Michèle, *Made in France*, Éditions Chronique, Périgueux, 2008.

DIRECTION ÉDITORIALE

Édouard Boulon-Cluzel

RÉALISATION

Claude Combacau

FABRICATION

Christian Toanen
Nikola Savic

Photogravure

Press Prod

Imprimé en Espagne
Dépôt légal : novembre 2014
ISBN 13 : 978-2-7499-2343-7
LAF 1901

Avis
à la population

Il reste encore quelques places dans la camionnette !
Envoyez-nous vos suggestions… et sauvez d'autres objets de la liquidation !

objets-france@outlook.fr